Maximo Tello Vargas

MEMORIAS
DE
UN LUCHADOR
SOCIAL

Memorias de un luchador social
Maximo Tello Vargas

Primera edición digital, Lima, diciembre 2022

© 2022, Maximo Tello

Publicación a cargo de: MESA REDONDA EDITORIAL Y LIBRERÍA S.A.C.
Av. Manuel Olguín 970, oficina 4, Urb. El Derby, Santiago de Surco, Lima, Perú.
comunidad@editorialmesaredonda.com

Producción general: Sandra López Vallejos
Diagramación: Leslie Arellán
Cuidado de edición: Mesa Redonda Editorial y Librería
Marketing y publicidad: Ferddmarz S.A.C.

A Jehová (Dios), por haberme dado todo: mi vida, la esposa que tengo, nuestro hijo, nuestro trabajo, por mis padres y mis suegros.
A mi querida esposa, Lucy Vera Linares, quien con sus sugerencias y apoyo incondicional hizo posible mis logros.

ÍNDICE

PENSAMIENTOS

1. «Familia que reza unida, permanece unida»

Máximo Tello V.

2. «Lo que más me impresiona en la vida, es la inteligencia de las bestias y la bestialidad de los hombres»

Tristán Benard.

3. «Si piensas que estás vencido, vencido estás»

Cristian Barnard.

4. «El ejemplo es la mejor herramienta para enseñar a las personas.

Máximo Tello V.

5. «Dicen que, en un hogar, debería de haber un burro y un viejo, siempre que el burro no sea tan viejo, ni que el viejo sea tan burro.

D.F.

6. «Vive la vida pensando en tu vejez.

Maximo Tello V.

7. «Si sientes que te cae un fragmento de una piedrita, no esperes que te caiga toda la roca.

Maximo Tello V.

PRESENTACIÓN

Marvin, nuestro personaje en esta obra, como cualquier provinciano, quizás con una pequeña diferencia en su caso Llegó a la capital cuando aún era niño.Hizo el resto de su vida en otro ambiente, no obstante, la gran mayoría que migra a la capital o capitales de otras regiones o departamentos, llevan consigo el sueño que todos tenemos: estudiar para luego lograr trabajar y triunfar en la vida.

La historia, trata de un niño que viene de la selva a la capital, aun sin sueños, ni metas, los trazó en el transcurso de su vida, entre ellas, culminó sus estudios de primaria, secundaria y superior, se enroló en el ejército peruano, sirvió a su patria voluntariamente.De joven, al terminar su secundaria, quiso ser oficial de la entonces Guardia Civil, sin saber lo que era esta institución, y muchas de las personas que la conforman, mas no ingresó, Culminado su servicio militar salió de baja e ingresó a la universidad, hizo su primera carrera, administración de empresas estudió también psicología y derecho.finalmente terminó siendo abogado, profesión que hoy la ejerce.

El haber servido en el ejército le fue gratificante puesto que le sirvió para templar su carácter, moldear su comportamiento y pueda desenvolverse en la vida

Aquí podrán leer no solo cómo fue su infancia en su pueblo natal, sus aventuras, vicisitudes y las costumbres propias de los pueblos tanto de la sierra como de la amazonía peruana, sino también todas las peripecias por las que pasó en su vida como dirigente vecinal, sus experiencias muy amargas, con algunos miembros de la policía, fiscales y jueces.

El autor

PRIMERA PARTE
ESTE ES MI PERÚ

CAPÍTULO I
SUS PRIMEROS AÑOS

Marvin nació en el pueblo de San Miguel del río Mayo, un pequeño paraíso precisamente ubicado a las orillas de ese majestuoso río, a la derecha de la Carretera Marginal de la Selva, entre Moyobamba y Tarapoto.Realizó sus primeros estudios de primaria en su pueblo natal.Su hermano mayor, Víctor Raúl, quien aún tenía 18 años —menor de edad en aquella época—, viajó junto a su señora madre por tierra a Moyobamba, y vivieron allí durante un año, antes de viajar a Lima Madre e hijo caminaron tres días y dos noches, cruzaron ríos, montañas e inmensos cerros —el famoso Cerro Campana, entre otros—, durmieron a la intemperie, debajo de inmensos árboles a merced de víboras y otros animales, mientras que Marvin y su hermana viajaron en avión.

Estudió en Moyobamba el primer grado de primaria en el año de 1963 —tenía 10 años de edad—, no obstante, ya había estudiado tres años el mismo grado, porque su madre, quería que aprendiera mucho mejor, le hizo repetir tres veces el mismo grado.Regresaron de nuevo a su tierra natal, en esta ocasión todos por tierra junto con su madre y hermanos.Jugando por el camino, habían zonas de inmensos árboles que tapaban los rayos del sol, incluso cuando llovía no les tocaba ni una gota en algunos tramos del camino.

Dormían también, en algunos casos, en chocitas de los agricultores construidos en el camino, se alimentaban del fiambre que su mamá preparó para tres días, también en ocasiones, al cruzar por algunas chacras o caseríos, comían frutas, tomaban agua de los ríos.En épocas de lluvias, los ríos y quebradas aumentaban su caudal, tenían que quedarse a pernoctar a las orillas del río, hasta que se calme para poder cruzar.

Caminaban en algunos sectores hundiendo no solo los pies, sino toda la pantorrilla en el fango, sin zapatos.Si les ingresaba una espina o les cortaba un vidrio, continuaban su camino, el mismo lodo se encargaba de parar el sangrado.Cuando caminaban por la noche, el cielo era alumbrado no solo por la luna sino también por relámpagos, acompañados por terribles truenos que retumbaban sus oídos.Las ramas de los árboles se movían de un lado para otro.En ocasiones se cubrían con bolsas impermeables, también tenían que subirse por encima de inmensos árboles caídos sobre el camino, producto de los rayos y los fuertes vientos, para continuar su camino.

Ya de vuelta en su pueblo natal, continuó sus estudios, lo hacía en dos turnos: mañana y tarde, pero como era tan aplicado, siempre salía temprano como premio y estímulo de sus profesores, es que todos los días se levantaba a las 5 de la mañana, se iba a la orilla del río Mayo, sentado sobre las piedras se ponía a estudiar.En esa época los profesores les enseñaban a ser muy memoristas, es decir, tenían que saber memorizar la lección al pie de la letra, pero también su tiempo libre lo dedicaba en ir a la chacra para traer leña para la cocina.Almacenaba tanta cantidad que a su madre le duraba todo el año.Así pasó algunos años de su vida, en su pueblo natal.No obstante, aquí hago un paréntesis para relatar algunas de sus anécdotas, que en aquella época se daban, que hoy gracias al desarrollo y la llegada de la tecnología ha cambiado, pero tengo mis dudas, estando en pleno siglo XXI, aún existe pobreza y pobreza extrema y estoy seguro de que aun continua igual en muchos lugares del Perú.Imagínese, amigo lector, haga volar su imaginación en el tiempo, trasládese a los años 1960, en los pueblos más alejados del Perú, como era entonces el pueblo de San Miguel, no tenían carreteras, sus calles desordenadas, sin ningún tipo de servicios, sus casas las construían en el lugar que a cada uno se le antojaba, salvo poquísimas excepciones. Dicho sea de paso, la gran mayoría de las casas de las personas de bajos recursos, eran con columnas de palos horcones, techo de palma, paredes tejido con caña brava, el revestimiento era de barro con champa de plátano.

Los medios de transporte eran las balsas (conjunto de palos atados entre sí que flotan en el agua, llamados topa) a través de los ríos, dirigidos por varias personas con remos, en la que transportaban todo tipo de productos.Esto imposibilitaba contar con los medios necesarios de supervivencia, no tenían agua ni alcantarillado, ni alumbrado público, ni mucho menos domiciliario.En las noches caminaban a tientas, se tropezaban con ganados que dormían en la vía pública y plazas, pasando incluso por encima de ellos.Tan solo aquellos que contaban con una linterna podían caminar sin dificultad, o cuando había luna llena.Estudiaban en las noches alumbrados con alcuzas, lamparines o churu wira (caracol relleno de manteca con una mechita) y velas.

Para trasladarse de su pueblo a una provincia o distrito, tenían que caminar entre dos a tres horas, estando a merced del sol, la lluvia y los animales silvestres, cruzando el río Mayo en canoa.Hoy en muchos lugares de la sierra todavía cruzan los ríos a través de un "huaro" (canastilla colgada de un cable atado de extremo a extremo del río, en cuyo interior va una persona y/o cosas), algunos todavía transportan sus productos a lomo de bestia (Llamas, burros, caballos, mulas).Las personas que contaban con recursos económicos y que no querían caminar, ni ensuciarse los pies, eran transportadas en cajones de madera acondicionada especialmente para tal fin, en cuyo interior iban sentadas, cargadas por un hombre.Desde luego, cada cierto tramo tenía que descansar, o le cedía la posta a otro que lo acompañaba dependiendo de la distancia.Su vida no fue nada fácil, nos dice Marvin, en la práctica, él no tuvo infancia ni adolescencia.Trabajó desde muy niño, y no porque le obligaran o tuviera necesidad de hacerlo, sino porque le gustaba y quería sentirse útil.A sus 10 años trabajaba cargando tierra (capachero) para que construyan casas, ganaba S/.4.0 (cuatro soles) semanales, para él eso era mucha plata.Pero tampoco era un botarate, es decir, ahorraba su platita para comprar sus cosas.No obstante, tanto su madre como su padre eran personas que sí tenían recursos, su padre era un potentado agricultor, comerciante y ganadero.En Moyobamba hacía canicas de barro, los asaba en la candela para luego vender a los que casaban animales con sus baladoras o resorteras.

Por dedicarse a sus estudios y al trabajo, no tuvo amigos de su edad, más se vinculaba con personas mayores, le gustaba imitar lo bueno de ellos, por eso en Moyobamba los más grandes, cuando jugaban a la pelota, le decía "jovenshito".Tuvo un paso muy fugaz por el pueblo que lo vio nacer, y todo le parece un sueño, en ocasiones no recuerda cómo ocurrieron ciertas cosas.Al igual que en Moyobamba, un año pasó de manera muy rápida, y cuando se dio cuenta, ya estaban de regreso a su tierra natal.Tiene pocos recuerdos, como cuando llovía torrencialmente con truenos y relámpagos, con grandes ventarrones, veía cómo el fuerte viento levantaba el techo de las casas y volar por los aires junto con las cosas.Recuerda que, en una ocasión, se produjo un gran tornado que se escuchaba a la distancia; venía derribando todos los árboles a su paso, ingresó a su pueblo, su madre trancaba la puerta, veía cómo la puerta se sacudía, de tanto miedo se escondía debajo de su cama.Era terrible.Su madre atinaba solo a rezar y rezar hasta que pasaba la tormenta.De Moyobamba, lo poco que recuerda son los grandes barrancos llenos de basura, que hoy, gracias a sus autoridades, están convertidas en hermosos jardines llamadas las 4 puntas. También recuerda las zonas en donde las mamás lavaban sus ropas, tremendos charcos de agua que filtraba del subsuelo; los baños termales, el puerto de Tahuishco.Se le viene a la mente, también, que cuando era aún muy niño montaba caballo, uno de ellos, el llamado "Lucero" de color caramelo, crin y cola de color amarillo (rubio), era propiedad de su "papá" Arquímedes. Parecía un ratoncito sobre un enorme caballo, lo corría a gran velocidad.Una vez fue a Tabalosos él mismo, ensilló al caballo y lo montó.En plena carrera por un descampado,el cincho de la montura se rompió; el apero se iba inclinando poco a poco, hasta que el pequeño cayó, por suerte o milagro, su cabeza no se golpeó con una enorme piedra, cayó justo al costado.

e inmediato se levantó, a la carrera persiguió al caballo hasta que lo alcanzó, lo ensilló nuevamente continuó su viaje.En otra ocasión también lo enviaron de viaje a otro pueblito en un caballo negro, muy brioso, casi nadie quería ni podía montarlo, este no se dejaba atrapar, menos ensillar.Pero Marvin lo hiso, lo montó a pelo, es decir, sin apero o montura.Ya estando a toda velocidad, en el camino se cruzó una lagartija, el caballo frenó en seco, Marvin fue a dar sobre el cuello del caballo, luego se paró sobre sus dos patas traseras, pero no se cayó.

Finalmente, su hermano adquirió un caballo de color blanco, muy robusto, decían que era así porque lo habían capado, y lo utilizaban solo para jalar madera.En una ocasión lo llevó a la chacra (San Lorenzo), llegaron hasta la orilla del río Cachi Yacu, no quiso cruzar por más que le castigaba con la soga, se había puesto rebelde, simplemente se dio la media vuelta emprendió su retorno a casa, quiso evitarlo lo amarro en un enorme tronco que estaba caído en el camino, el caballo con todo llegó a la casa; incluso en una oportunidad este caballo le mordió en el brazo.

Marvin no le tenía miedo a nada, tal es así que en una ocasión, por querer torear a una vaca, esta le correteó de tal forma que el muchacho se tropezó y cayó, si no fuera porque un señor lo vio y auxilio, qué le hubiera ocurrido."Qué aventuras, qué bonitos recuerdos", dice.Considero también necesario relatar algunas cosas que de niño pudo comprobar y aún recuerda. Como parte de las costumbres y la cultura de su pueblo, la gente pobre, ya sea en el pueblo o en el campo, no utilizaban en aquella época el kerosene, utilizaban leña para la cocina, tampoco tenían las cocinas que hoy conocemos, o que se utilizaban en la mismísima Lima, cocinas con 2 o 3 hornilla a kerosene, aún no existían las cocinas a gas; instalaban o armaban en el piso improvisadas cocinas con piedras, dejan un espacio en el medio para que pueda ingresar la leña

En otros casos construían una mesa con caña brava y barro, encima dos muritos frente a frente, siempre dejando un espacio para la leña, allí cocinaban.La gente más pobre no conocía los platos de loza, sino más bien ellos mismos fabricaban sus propios platos de barro, lo asaban a altas temperaturas con leña, igual sus tasas.Como cuchara utilizaban sus manos o un pedazo de cáscara de plátano verde, y en otros casos lo fabricaban de madera, igualmente utilizaban platos y cucharas hechos de madera (tiestos).A la hora de las comidas no se sentaban cómodamente en sillas alrededor de una mesa, lo hacían todos sentados en el piso al rededor del fuego, o la cocina llamada tuchpa.En ocasiones, esta pobre gente, prefería, alimentarse con una bola de sal y sus plátanos sancochados (inguiri), es decir por no sacrificar una gallina o quizás un chancho preferían comer así.Además cultivaban maíz, arroz, frijoles, etc.

Mucho se acuerda también que en el mes de noviembre, por lo general los primeros día, aparecen volando unas hormigas gigantes llamadas mamacos (siquisapa curo), emergen del subsuelo.La gente las buscan, para cogerlas hacen alrededor del orificio de donde salen, unos pocitos con agua (charcos y barro) para evitar ser mordidos por los curuinsis que protegen a los mamacos.Los huashos son también hormigas gigantes que salen junto con los mamacos o siquisapa curo, pero son flaquitos, en cambio los mamacos son potoncitos, y en su interior contiene una crema viscosa parecida a la leche asada, o leche condensada. Se los comen tostados y saladitos, son muy agradables, en Moyobamba lo vendían a un sol una tasa llena.De allí que sus paisanos, a las personas delgadas o flaquitos, sean mujeres o varones, y que no tengan bonitos glúteos, les dicen "huasho ocotes", y las mujeres con bonitos cuerpo y abultados glúteos les dicen "siquisapa".

Antes de que su hermano Víctor Raúl viaje a la capital para postular a la entonces Guardia Civil, ambos salían a pescar por las noches en el río Cachi acu (agua salada).En ocasiones no había luna, todo era totalmente oscuro, Víctor Raúl con su tarrafa surcaba el río, Marvin iba detrás con su bolsa para recoger los pescados.En ocasiones el menor se quedaba, pues no podía ver a su hermano, tenía que correr por encima de las piedras para alcanzarlo al escuchar el sonido de la tarrafa.Era una rutina de casi todas las noches, desde las 10 de la noche hasta las 3 de la madrugada.

CAPÍTULO II
COSTUMBRES Y FESTIVIDADES

Aquí les cuento algo, que hoy es para reírse, o depende de su estado de ánimo, no sé cómo lo tome, pero era o es quizás hasta hoy en algunos lugares del Perú, una realidad que para los pobladores de aquellas épocas era natural, pero es parte de la historia de su pueblo y del Perú.Como ya dije, no contaban con alcantarillado, pues era natural que las casas no tengan baño, ¿y dónde hacían sus necesidades?, pues tenían que ir, allí nomas, a la vuelta de sus casas, ocultos en unos pequeños arbustos llamados piñones; iban premunidos ya sea con piedras o un palo, se preguntarán para qué, era para espantar a los chanchos hambrientos que pretendían levantarlos en peso para devorar el excremento humano.

Otros construían una especie de barbacoas sobre las ramas de los árboles para protegerse de los chanchos, el resto se los dejo a su imaginación.Había chanchos tan atrevidos que no se corrían con los palos ni las piedras, por lo que las personas tenían que apuntar a la frente del chanco con una piedra, muchas veces el animal se moría en el acto.En fin, así fue y será la vida en los pueblos más lejanos de las capitales o provincias más avanzadas, no obstante, las personas de clase media tenían sus silos sépticos en el interior de sus casas.Muchos seguramente se acordarán que, aun estando cerca a Lima, incluso todavía adolecen de todas las comodidades.Sin ir muy lejos, tenemos Huacho, sus amigos le contaban que tambien usaban basenica (bacín), tanto niños como adultos lo tenían en su casa; para no salir al patio en las noches, lo usaban para orinar o defecar.Otros lugares en la propia Lima son los barrios marginales, los que viven en los cerros, a donde no llega ningún servicio.Aunque parezca ridículo o resulte asqueroso, es la verdad, cosa que ningún gobierno se ha preocupado por mejorar las condiciones de vida de muchos compatriotas.Con decirles que todos vivían o convivían junto con los animales: chanchos, gallinas, pavos, patos, caballos, ganado vacuno, etc. la gente daban de comer a sus animales en la puerta de sus casas.Muy pocos los criaban en corrales o granjas, eso solo lo hacía la gente adinerada.Otra cosa, que considero necesario contar es que en esos pueblos no existía ni conocían el papel periódico mucho menos papel higiénico, para limpiarse después de hacer sus necesidades fisiologicas se limpiaban, con palitos o con pequeñas piedras, o tusa (coronta de maíz).Si tuvieron mala suerte, el palito estaba infestado con piojitos (puca curo), luego tendrá comezón en el ano.

¿Dónde se bañaban?, lo hacían a orillas del río Mayo.Por costumbre, y debido al gran calor, casi todos a partir de las 6 de la tarde acudían a bañarse .La gente de la selva de entonces era tan inocente; hombres, mujeres y niños se confundían en la orilla, todos completamente desnudos, sin ninguna malicia.Se jabonaban con unos jabones tipo cremas que ellos mismos elaboraban, llamado jabón negro.Solo las personas que contaban con recursos se bañaban en sus casas con jabón de tocador.Por los años de 1915, llego a vivir en san miguel, un chino llamado José, una tarde este se bañaba en el rio junto a su esposa, pasaba una balsa cargado con productos, uno de los balseros le grita de medio rio, "don José, tu mujer te saca la vueltaaaa", el chino por su edad avanzada no escuchaba muy bien, le pregunta a su esposa, "que dice malia" (María), la mujer para no levantar sospecha le responde "te están saludando", el chino, con el brazo levantado responde "glasia (gracias) paisano, glasia".¿De dónde se provein el agua para tomar?, del mismo río en la que todos se bañaban y lavaban sus ropas.Los pobladores recogían el agua en tinajas, "potos" o "wingos" (calabazas grandes), no había otro elemento como las que hay ahora: baldes, etc.Las llevaban a sus casas donde las dejaban para que se asiente o se colmate, luego la bebían, sin hervirla. Sorpréndanse, ni se imaginan, en el agua encontraban pelos, ya sea de animales o de cadáveres de personas que se ahogaban en el río, los que recogían el agua de pozos encontraban ranas o sapos. Es por ello que los niños tenían cualquier cantidad de lombrices. Para eliminarlas, sus madres los levantaban a las 5 de la madrugada, primero les daban de comer un pedazo de chancaca, acto seguido una cucharada de un remedio que olía y sabia horrible, su nombre "tiro seguro", o leche de oje.Había también unas pastillas llamadas anquilostomina, producto brasilero.Al cabo de unas cuantas horas, corrían al piñonal y eliminaban gran cantidad de lombrices.Ah, pero todos los que tomaban esos remedios, tenían que guardar una estricta dieta de por lo menos tres meses, no podían salir a la luz, no podían comer más que un plátano asado a la brasa con un pedazo de pollito, de lo contrario, decían las madres, podían morir.

Así era, aunque hasta ahora existan pueblos del Perú profundo con carencias básicas, mientras que los políticos y altos funcionarios del estado viven a cuerpo de rey.Hoy a través de las redes sociales y los medios de comunicación podemos comprobar que esto ocurre también en otros países.

Hoy, gracias a la llegada de la modernidad, algunos pueblos cuentan ya con servicios higiénicos, agua y alcantarillado, teléfono, internet, y televisión, lo cual es una gran alegría.La construcción de carreteras ha ayudado muchísimo, con decirles que los únicos aeropuertos que existían en aquella época eran los de Tarapoto y Moyobamba.Hoy solo recibe vuelos Tarapoto.De San Miguel a Lamas, caminando, eran dos horas pasando por un caserío llamado Pucallpa, luego Palo Blanco, e ingresando por uvos en Ancoallo, pero no era tan bonito a veces, tenían que caminar soportando inmensas lluvias, con truenos, relámpagos y luego un incandescente sol; encima descalzos.

Las personas mayores llevaban sus zapatos atados entre pasadores sobre sus hombros, antes de ingresar a Lamas, se lavaban los pies en pequeños charcos de lluvia para colocarse sus zapatos.Después de las compras, ya de retorno, protegían sus equipajes o costallillos con plásticos para que no se mojen con la lluvia, de nuevo a quitarse los zapatos.De allí ese chiste, después de tropezar y sacarse la uña, decían "felizmente estuve sin zapatos", es decir, protegían más a su zapato que a su propio pie (lo hacían porque había tanto barro por la lluvia la suela se destrozaba).Ah, pero Lamas tiene un suelo muy especial, algo arenoso, que no permite formar barro, el agua se absorbe.Hoy sus calles lucen asfaltadas.

Ah, pero en Lima también existía y existe pobreza, mucha gente de bajos recursos no utilizaban papel higiénico sino periódicos (1967), unque les cause risa o quizás indignación. Hasta hoy continúa esta indignante realidad, incluso algunos se acordarán que los comestibles como pollo, carne, pescado, arroz, etc. los envolvían con papel periódico, los panes nos lo entregaban en bolsas de papel, muchos años después comenzaron a usarse las bolsas de plástico, apareció el papel higiénico.

***

En el año de 1966, el gobierno de don Fernando Belaunde dio inicio a la construcción de la carretera Marginal de la Selva. Meses antes de que Marvin viaje a Lima, cruzaba el río Mayo en canoa para cortar leña que dejaban en la construcción de la carretera, hacia hasta 5 viajes al día para proveer a su señora madre, nadie tenía cocina a querosene, apenas se conocía las alcuzas o lamparines.En aquella época, las personas se comunicaban vía cartas o telegramas, pues no existía lo que hoy todos tenemos: teléfonos fijos, ni celulares, ¿cómo se enteraban si tenían alguna carta?, sencillo, encomendaban a alguien que viajaba a Lamas, este se dirigía al correo para averiguar, ya de regreso comunicaba a la persona, o personas, sobre la carta o telegrama para que el interesado viaje especialmente caminando 2 horas de ida y dos de regreso.Del mismo modo, si tenían que enviar la repuesta, hacían el mismo recorrido.Todo aquello hoy forma parte de nuestra historia.Llegaron los teléfonos domiciliarios, luego los teléfonos celulares, el internet, de tal forma que desde entonces ya todos nos olvidamos de las cartas y los telegramas, con solo marcar un número estamos conectados y comunicados al instante.Si queremos enterarnos de alguna noticia nacional o internacional, contamos con el internet.Ya no hay que viajar o caminar largas horas, hoy todo es al instante. No obstante, estoy seguro que aún existen pueblos o caseríos que no cuentan con estos servicios.Esto se evidenció durante la pandemia del covid-19 (años 2020, 2021 y 2022), muchos niños no pudieron continuar sus clases de manera virtual, es decir a través del internet.Así como las cartas y telegramas, los teléfonos fijos pasaron rápidamente a formar parte del pasado, del mismo modo el internet en las computadoras por los teléfonos celulares.Mucho me acuerdo que no todos teníamos teléfonos fijos había que acudir a las cabinas instaladas especialmente para poder realizar alguna llamada.De igual manera sucedió con el internet, acudíamos a las cabinas de internet para realizar algún trabajo de la universidad comunicarnos al exterior, etc. Con la llegada de los teléfonos inteligentes, pasaron a la historia también las cabinas de internet.Hoy todo se hace a través del teléfono celular.Me acuerdo que las primeras computadoras que llegaron al Perú eran grandes aparatos que ocupaban hasta 5 metros de espacio, contaban con varias pantallas conectadas a una tremenda máquina que operaba con tarjetas y programas especiales.Antes de la llegada de las computadoras, los estudiantes no teníamos las facilidades o ventajas que hoy tienen los niños y jóvenes, acudíamos a las bibliotecas, ya sea del barrio o a la biblioteca nacional, en la Av.Abancay.Ellos ahora recurren al internet para investigar.Pasábamos largas horas leyendo libros.Previamente buscábamos en los índices de los casilleros, el título de los libros por autores y fecha de edición, para solicitar al bibliotecario,Hacíamos nuestros apuntes en fichas o nuestros cuadernos.Los que podían, compraban sus libros, imagínense que no conocíamos las fotocopiadoras, el escáner.Todo esto también tiene sus desventajas, la llegada de la tecnología hizo que nuestros hijos y estudiantes ya no lean ni mucho menos acudan a una biblioteca, ahora todo es copia y pega, incluso ya no hacen sus cálculos como lo hacíamos nosotros de memoria, todo es calculadora.

Se conoce que en el año 1857 llegó al Perú el telégrafo, que interconectaba a Lima con el callao y Cerro de Pasco.Luego, en el año 1887, llegó el teléfono fijo, que desde luego solo existía en Lima.Posteriormente , en el año de 1958 se transmitió por primera vez, a través de canal 7, la señal por televisión en blanco y negro, y en 1978 llega al Perú la televisión a color, mientras que el internet en 1994, y el teléfono celular en 1990.

***

24

Marvin se trasladó a Lima en 1967, aún tenía tan solo 13 años, para ello tuvo que cruzar el río Mayo en canoa, caminar 2 horas para llegar a la ciudad de Lamas, de allí a Tarapoto en un viejo ómnibus a las 5 de la mañana (siempre acompañado de su tío preferido, "el papá" Arquímedes Vargas, a quien agradece y le rinde un homenaje póstumo allá en el cielo, a quien además de cariño, todos sus sobrinos le decían papá), pero para remate el río Cumbasa estaba muy crecido, el ómnibus no podía cruzar para ingresar a Tarapoto (no había puente).Papá" Arquímedes se quitó los pantalones, cargó los equipajes y junto a él cruzaron el rio, de allí en avión a la capital, en esos aviones antiguos a hélice, aún no existía en el Perú los de propulsión a chorro o turbinas, con decirles que con las justas pasaba casi raspando la cordillera de los Andes, sus motores provocaba un tremendo dolor de oídos, que hacía llorar a niños y mayores; pero le contaba su madre que mucha gente llegó a Lima caminando desde la selva, cruzando ríos y montañas, pasaban por la llamada "jalca" o pishcu wañuna (donde el pajarito muere) —un túnel donde muchas personas también morían por el intenso frío—, una zona muy alta sobre del nivel del mar, ubicada por el departamento de Amazonas, también otro entre Huánuco y Tingo María, que hoy lo pasamos en auto u ómnibus y mucha gente no sabe que allí murieron muchas personas en su intento de llegar a Lima.

Marvin terminó su primaria en Lima, en una escuela de la avenida Zarumilla, en San Martin de Porres.En ese entonces era una pista de una sola vía, de ida y vuelta; a los costados, cantidad de piedras hasta la avenida Perú.En esa época estudiaban en un solo turno, él estudiaba en la mañana, en la tarde vendía en el mercado Pocitos en San Martín de Porres, no porque tenía necesidad de hacerlo, sino porque estaba acostumbrado a trabajar, no quería desperdiciar su tiempo libre, es que también en su pueblo hacía lo mismo, es decir, salía del colegio temprano y en sus ratos libres se iba a la chacra, ya sea para traer leña o plátanos.Estando ya en lima, se acuerda que mientras realizaba educación física en la zona de ingeniería, por la Av.Habich, en uno de los parques, vio que se iniciaba la construcción del hoy hospital Cayetano Heredia.

Concluido su primaria, lo matricularon en la secundaria colegio Gran Unidad Escolar "Felipe Santiago Salaverry", Terminó con éxito sus cinco años de secundaria (en su tierra, el sistema de enseñanza era distinta, les obligaban a memorizar, los exámenes lo desarrollaban al pie de la letra tanto oral como escrito, en Lima fue de otra forma, le chocó un poco, pues era conceptual).Pero se adaptó.Dice también que vivían por la Av.Zarumilla, y desde allí se iba en bicicleta a su colegio, pedaleando por toda zarumilla, llegaba hasta el puente de piedra, pasaba por el costado de Palacio de Gobierno, continuaba por la Av.Ancash, hasta huanta, subía por la Maternidad de Lima, continuaba por Jr.Cangallo hasta llegar a su colegio, y de retorno igual.

Cuando se creó Villa el salvador, a su hermano le asignaron un lote de terreno, también vivió allí un año, y de la misma manera se iba hasta la victoria en su bicicleta ida y vuelta.

No obstante que, durante su secundaria visitada mucho a un tío que fue Abogado, nunca se le ocurrió estudiar derecho, recuerda que conocía palacio de justicia como la Palma de sus manos, pero quiso ser oficial de la entonces Guardia Civil, sin siquiera imaginarse del monstruo que era y es, esa institución, es decir, de algunas de las personas que la integran, quizás porque su hermano fue un honorable policía, el único entre otros poquísimos honestos de la entonces benemérita Guardia Civil del Perú, a Dios gracias dice Marvin, no ingreso, también quiso estudiar medicina pero uno de sus tíos por parte de su madre lo desanimo.Finalmente resulto siendo abogado, profesión que la ejerce.

Recuerda también que los pobladores de su pueblo, San Miguel, tenían sus creencias, se refiere a los campesinos es porque ellos nunca habían visto sobrevolar un avión por los cielos del pueblo, una tarde hicieron su aparición un grupo de aviones caza bombarderos, por la baja altura que volaban sus motores sonaban terriblemente, los pobladores sufrieron un tremendo susto gritaban "se acaba el mundo, se acaba el mundo", muchos corrían para esconderse, algunos se metían dentro de los hornos, la mama de Marvin salió a calmarlos, diciéndoles que no teman tan solo se trata de aviones de guerra.Lo mismo ocurría en cada eclipse de sol, juntaban yerbas y flores lo mesclaban en agua y según ellos lo bañaban al sol, para calmarlo. (Que tales creencias y reacciones de esa época).Después de 50 años, regreso nuevamente a su pueblo natal en compañía de su familia, se llenó de tanta alegría al llegar, y encontrar un puente colgante que cruza el río Mayo, pues las canoas desaparecieron, las calles delineadas, contaban con alumbrado público y domiciliario, agua y desagüe e internet incluso teléfono.

Se paseó por la plaza, en donde alguna vez se realizaban las procesiones, los partidos de futbol, las tómbolas, etc.Visito su colegio, se transportó en el tiempo, al cerrar sus ojos recordaba las faenas que hacían cuando estudiaba, o cuando jugaba básquet ball, o fulbito, etc.Antes, no quiere dejar pasar que, con sus apenas 11 añitos, viajaba a Lamas caminado solito por la espesura de la selva, para realizar compras que su mamá le encomendaba, entre ellas costalillos con panes, para protegerlos de la lluvia los envolvía con plásticos, para luego emprender su retorno.

Una de las tantas veces que viajaba, al llegar a Lamas, se corrió la noticia de que una mula había dado a luz, todos sabemos que una mula es un hibrido nunca sale preñada.La gente comentaba que se acabaría el mundo, ya de retorno a su pueblo, a la mitad del camino de pronto el cielo se oscureció con una neblina muy oscura, tornándose casi de noche, le entró miedo, mucho miedo se acordaba lo que la gente comentaba que se acabaría el mundo.Dentro de él, decía, aquí me muero, pero antes me como los panes; también decía, ya para que estudio si se acaba el mundo.Sin embargo seguía caminando con sus imaginaciones en su cerebro, cuando de pronto se desató una torrencial lluvia, con truenos y relámpagos, el camino se volvía resbalosa, se caía y se deslizaba sobre sus nalgas, en zonas de pendientes con sus dos manos sujetaba su carga, se levantaba y continuaba su camino, a su llegada al pueblo, la lluvia había calmado el río estaba muy crecido, llama al vadero (persona que manejaba la canoa con un remo), para que le haga cruzar el río llegaba a su casa sano y salvo.

En otra ocasión, su madre le castigo y lo envió a comprar panes en Tabalosos, tambjén dos horas de camino, cruzando por granjas y pastizales, por entre los ganados, cruzando riachuelos por encima de grandes boas que lentamente cruzaban el camino por entre las yerbas, llevando un chanchito arreándolo delante de él, atado de la patita posterior, haciendo un total de cuatro horas de camino entre ir y regresar.

Cuenta Marvin que en una ocasión su madre y el, estaban bañándose en el río cachi yacu, de pronto se desato una torrencial lluvia, y de manera inesperada cayo un rayo, Marvin apenas tenía 8 añitos el vio que bajaba del cielo un trozo de candela que parecía un pedazo de madera ardiendo, el solo atinó a correr sin rumbo, y el trozo de candela sobre su cabeza paralelo al piso, y se estrelló sobre unos árboles, que tal susto nos cuenta.

Ni que decir del tiempo, igual con lluvias torrenciales, con la ropa empapada, cuando iba a llover todo se tornaba oscuro, todo se volvía muy triste, daba cierta melancolía, pero esto solo ocurría en la temporada de invierno.A sus cortos 12 años ya cruzaba nadando el río Mayo, a veces abrazado de un pedazo de topa, pero lo cruzaba.Ni que decir de las fiestas y costumbres, celebran el aniversario de creación, o patrona del pueblo en el mes de setiembre de cada año, lo que en otros lugares les llaman los mayorales o mayordomos, allí les llamaban "cabezones", personas que por lo general eran designadas por la autoridad municipal, pues recaía en los jóvenes matrimonios o en aquellos que voluntariamente querían participar.A partir de su designación, como cabezones o anfitriones, terminada la fiesta, los nuevos designados recibían "el voto", que consistía en todo lo que el anterior había preparado para celebrar la fiesta, es decir los salientes acompañados de todos los amigos y familiares al compás de los bombos, tambores, clarinetes y quenas, bailando se dirigían a la casa del que recibiría y tendría el honor de celebrar la fiesta el próximo año.Recibían panes, dulces, rosquitas, levaduras (puchcu), huahuillos, bizcochuelos, gallinas, cerdos, etc.Eso y mucho más, tendrían que entregar el próximo año al celebrante.Pero la ventaja era que los amigos y familiares se llevaban algunos; gallinas, otros, cerdos, etc. para devolverlos el próximo año, es decir era una cadena, tenían que trabajar todo un año para preparase y celebrar la fiesta, algunos se iban de cacería al monte llevaban carne de venado, sajino, majas, sachavaca, monos, aves, etc. para dar de comer a sus invitados.

Llegado el momento, mucha gente de diferentes sitios iban a disfrutar de la fiesta, también a divertirse, pues todo era gratis, la música, la comida, el hospedaje, el trago, todo gratis, en simultáneo hasta en cinco lugares donde se celebraba la fiesta, música al escoger, orquesta o bombo baile, es decir cada uno festejaba la fiesta en honor a cada santo.(San Miguel, San Rafael, San Antonio, etc).Días antes, las mujeres más destacadas del pueblo adornaban las andas de los santos en la iglesia, mientras que los niños y jóvenes jugaban a la paca paca, una especie de vóley con un objeto hecho de la panca de maíz, se asemeja a una cabeza de cebolla morada pero un poco más grande y liviana.Salía la procesión en hombro de los devotos, en número de 5 santos, entre ellos el principal, el arcángel San Miguel, patrón del pueblo, alrededor de la plaza las tómbolas, la venta de comidas.La fiesta duraba una semana.Otra fiesta muy celebrada y visitada eran el de Todos los Santos,   fecha muy especial, por cuanto los familiares recordaban a su seres más queridos ya fallecidos, el día uno de Noviembre de cada año, buscaban a una persona para que les dé un responso, esta persona iba de casa en casa, caminaba todo el pueblo, acompañada de alguien para que cargue con los pagos recibidos en especie, es decir mucha gente pobre tan solo podía pagar el oficio del que rezaba, con arroz, plátanos, huevos, gallinas, etc.En el momento del responso los familiares pedían se le rece a cada uno de sus muertitos, para ello ponían un plato de comida para cada uno y pagaban por cada uno.Luego, el primer domingo del mes de noviembre, los jóvenes se cubrían el cuerpo con unas túnicas o sábanas blancas, previamente colocaban en un palo de un metro un wingo o poto (recipiente natural para guardar agua, como una especie de calabaza), lo amarraban para aparentar una cabeza, se amarraban la cintura salían en grupos de cinco o más, a pasearse por las calles, al compás de un violín, ellos danzaban, delante iba otra persona con una bandera o trapo blanco que la batía, a estas personas disfrazados se les conocía como "los tolentones", que representaban a las almas de la personas fallecidas, si alguien osaba molestarlos los correteaban hasta alcanzarlo, lo cogían a cabezazos con el huingo.Estos "tolentones" estaban de blanco y algunos de negro, los blancos representaban las almas buenas y los negros al mal.

Otra de las tradiciones de su pueblo era también los velorios.Cuando alguien moría, todos se enteraban cuando tocaban la campana de la iglesia, los amigos y familiares asistían al velorio, pero nunca iban con las manos vacías, todos llevaban algo, como gallinas, arroz, chancaca, plátanos, el infaltable café y aguardiente, etc.

Mientras velaban al difunto, venían los amigos conocedores de la materia, median el largo, ancho y espesor del muertito, para de inmediato confeccionar el ataúd, el muerto yacía en una mesa cubierto por una sábana blanca, las velas en el piso, los deudos lloraban con todo sentimiento, al compás de una triste melodía de un violín.Los amigos contaban sus hazañas y lo recordaban, contaban chistes jugaban al "iznachi", (OSO HORMIGUERO), al día siguiente los amigos iban al cementerio a cavar la tumba, en muchos casos coincidían con otro que ya estaba sepultado mucho tiempo, hacían a un costado los restos, y quedaba listo el hueco para el entierro.Llegado el momento del cortejo fúnebre, tocaban la campana para hacer saber que se iniciaría la partida, cargaban el ataúd, lo llevaban al cementerio al compás del violín y el llanto de sus familiares, pero por supuesto debo decir que en la noche anterior servían el tradicional café, la sopa de gallina con su hinguiri, una delicia con gallina de chacra.

Aprovecho para contar que, en Huacho, una provincia de la región Lima, el cortejo fúnebre no es en una carrosa, lo llevan en hombros sus amigos o personas contratados especialmente, al compás de una banda de músicos, tocando temas que le gustaba al fallecido y lo hacen bailar por todo el camino, es muy atractivo, típico y singular, la carroza va de adorno.De los carnavales ni se diga, era una gran fiesta muy sana.Todos los domingos en febrero, la gente salía a las calles en comparsa, a bailar en plena lluvia y sol simultáneamente, se embarraban sus rostros con el mismo barro, con anilina, betún, etc.luego al terminar la tarde todos al río a bañarse.En Moyobamba era distinto, los jóvenes y adultos se paseaban bailando por las calles y en cada esquina había una humisha (yunsa), hecha de un pequeño árbol totalmente adornada con diferentes artículos.Todos bailaban al rededor, cada uno con un hacha cortaban la humisha, al caer todos se abalanzaban para recoger los artículos, como ropa, zapatos, frutas, adornos, dinero, etc.Hay que destacar que nadie se atrevía en jugar con las personas que miraban, jugaban y se divertían solo entre ellos.

Para la primavera se organizaban paseos, elegían a su reina, jóvenes hombres y mujeres, adultos y niños a caballo, se dirigían a un lugar alejado del pueblo, a una especie de campo a las orillas del río Cachi Yacu, u otro rio, allí bebían y bailaban sanamente, esta era una rutina de todos los años.

También, por el año de 1964 en el Distrito de Tabalosos, perteneciente a la provincia de Lamas, en el departamento de San Martin, se celebraba la festividad de una Virgen, mucha gente de diferentes lugares, tanto nacionales como extranjeros, llegaban al pueblo para adorarla decían era muy milagrosa.Es así que, Marvin en compañía de su hermana, se dirigían a Tabalosos desde el pueblo de San Miguel del río Mayo, caminando por una trocha, por la espesura de la selva, pasando entre ganados que pastaban.Después de haber caminado más de una hora, llegaron a la entrada de Tabalosos, escuchaban la bulla de las bandas de músicos, el tronar de las avellanas, cuando de pronto hizo su aparición una avioneta, volando a baja altura, que botaba fuego y reventaba por su único motor.ellos emprendieron la carrera, sin mirar en donde pisaban tan solo para no perder de vista a la avioneta, de pronto llegaron junto a una multitud de gente que dejando la festividad, se dirigían a un viejo e improvisado aeropuerto del pueblo, la avioneta sobrevolaba el aeropuerto no podía aterrizar, pues en el lugar había caballos y ganados, pastando.Se veía al piloto sacar las manos, haciendo señas para que apartaran a los animales y poder aterrizar, mientras tanto daba vueltas alrededor, finalmente la avioneta al girar para buscar un claro y aterrizar, una de las alas roza con el suelo. La avioneta gira sobre el ala izquierda como un trompo, cae con las llantas arriba, en el interior se escuchaba gritos y llantos, las personas corrían de la cola hacia la cabina del piloto y viceversa, al cabo de unos segundos el avión se enciende en llamas, toda la multitud de gente olvidándose por un instante de la festividad miraban impotentes sin poder hacer nada.

Cuando de pronto se escuchó que reventó el vidrio de la cabina, el piloto saltó prendido en llamas corría sin rumbo, los pobladores lo cogieron, lo tiran al piso, con sábanas logran apagar el fuego que quemaba su ropa.Llegó la policía, no había bomberos, pidiendo a la gente alejarse, gritaban ¡¡apártense, apártense, el avión va a explosionar!!, mientras tanto Marvin y su hermana miraban asombrados, porque nunca habían visto algo así.De pronto alguien cogió una enorme piedra, logró romper los vidrios de una pequeña ventana, haciendo un pequeño forado.Todos los pasajeros querían salir simultáneamente, se atascaban, todos ardían, ya estaban sin vestimenta, cuando de repente una de ellas logró sacar la mitad de su cuerpo, algunas personas, desafiando las llamas, lograron cogerlo de uno de sus brazos y al halarlo, con su piel formo una pulsera en la muñeca, hace lo propio con el otro brazo ocurre lo mismo.

Finalmente lograron sacar casi a todos, hombres y mujeres se quitaban sus prendas (blusas y camisas) para cubrir a los quemados, improvisaron camillas para llevarlos al centro de salud, Marvin y su hermanita veía como los bañaban con leche de magnesia.Pero lo más triste de todo fue que, no lograron auxiliar a una pasajera con dos niños, al verse perdida optó por abrazar a los dos niños sentados sobre uno de los asientos.Se quemaron vivos a la vista e impotencia de la gente, decían que no pudo desabrochar el cinturón.

Como mandado por Dios de pronto se produjo una torrencial lluvia, logrando apagar el fuego, la avioneta quedó totalmente calcinada con los fierros retorcidos, posteriormente recogieron los restos de los tres desafortunados pasajeros que se quemaron.Personas voluntarias trasladaron a los heridos en improvisadas camillas sobre sus hombros caminando más de dos horas, a la ciudad de lamas de allí a Tarapoto y algunos a lima.Repito no había carretera.Pasaron los días, las semanas y meses, los restos de la avioneta permanecía en el improvisado aeropuerto y servía de distracción para los niños, los vecinos del lugar contaban que por las noches escuchaban gritos y gemidos en la avioneta siniestrada, fue algo impresionante y doloroso.

Pasaron los años. Ya estando en Lima, Marvin añoraba visitar su pueblo, tan solo se conformaba con sus recuerdos, después de 10 años, aun estudiante visito su pueblo, fue algo inesperado, había renunciado a su primer trabajo su mamá le decía vete a tu tierra y conoce, él le decía que no conocía a nadie, no obstante que su padre y hermanos vivían allí, de pronto se animó.Viajo un domingo a bordo de un avión, aún no había carretera, en pleno vuelo ya estando sobre los cielos de la selva, el avión sufrió un desperfecto empezó su caída, se iba en picada, los pasajeros gritaban, las aeromozas se caían, Marvin tan solo miraba por la ventana, y cuenta que, la verdad nunca sintió miedo, cuando ya faltaba unos escasos 50 metros para estrellarse entre los árboles, el avión se detuvo bruscamente luego, cual carro manejado por un aprendiz, a sacudones empezaba nuevamente a subir, eso ocurrió en repetidas veces, luego el avión nuevamente recuperó su altura llegaron al aeropuerto, su compañero de asiento le decía ese es Tarapoto, cuando ya el avión estaba aterrizando pasó a toda velocidad por la puerta de la estación se veía al público que levantaban sus manos.

De pronto nuevamente el avión levantó vuelo, eso ocurrió hasta en cuatro veces, finalmente aterrizó.Ya estaban los bomberos y la policía, todos preguntaban a los pasajeros que es lo que había ocurrido, nadie supo dar razón, tan solo la tripulación supo lo que ocurrió.Estando ya en Tarapoto.No conocía a nadie, ni el lugar, se dirigió en un taxi a la plaza de armas tal como su mamá le había orientado, eran las 12 del día esperaba algún ómnibus para dirigirse a la hacienda de su padre, como no venía ninguno, pregunto a las personas del lugar, le dijeron que los ómnibuses salían a las 5 de la mañana, la única forma de viajar era en unas camionetas, junto con chanchos, gallinas, plátanos, leñas y los demás pasajeros, él estaba incluso vestido con saco y corbata, hacía una calor infernal parecía que había llovido porque del piso se levantaba humo que asfixiaba. Cansado de esperar solicito a un taxista para que le llevara a la hacienda de su padre, el chofer le preguntó quién era el, le respondió que era hijo del dueño, nuevamente el chofer le dice "yo conozco a todos sus hijos a usted no lo conozco". Marvin respondió, Tan solo lléveme dígame cuanto me va a cobrar.El chofer le dice "suba, yo lo llevo".Ya en el camino, el chofer le contaba todos los pormenores de su padre, sus hermanos y sobrinos, "quien no conoce a su señor padre, aquí todos lo conocemos" decía el chofer, de pronto dice, ya llegamos, llama a los chicos que estaban allí ¡vengan ayuden a su tío! eran los hijos de sus hermanos.Finalmente le pregunto al chofer cuanto le debía y este le respondió "nada joven, que le voy a cobrar, yo arreglo con su señor padre", y se retiró.Luego, haciendo averiguaciones respecto a la casi tragedia aérea, le dieron una explicación en el sentido de que, en el espacio aéreo de la selva existen bolsones o baches, espacios en la que no hay aire y cualquier aparato tiende a perder altura o se precipita, en cambio en la costa no ocurre eso, por ello que los aviones cuando vienen por encina del mar no se siente nada.Ah, pero eso ocurría con los aviones antiguos ahora tan solo se siente cuando el avión desciende para aterrizar.Total, tan solo permaneció en su tierra 15 días, no aguanto el ambiente, pues no conocía a nadie, no obstante que los fines de semana salían con su padre a divertirse, a su padre le gustaba mucho la pelea de gallos se iban al pueblo de Cuñumbuqui, para las peleas de gallos.Marvin se aburría, al ver como las personas apostaban grandes sumas de dinero, que no bajaban de los 50,000.0, soles salía del coliseo a caminar por las calles del pueblo, todos le miraban y escuchaba que murmuraban, "él es el hijo de don Celso".Cuando ingresaba a una tienda pedía una gaseosa un dulce o cualquier otra cosa, al momento de pagar nadie le quería cobrar, obteniendo como respuesta que "no es nada, yo arreglo con su papá".Es que su padre, como tenía gran cantidad de ganado, daba, o mejor dicho ayudaba, a mucha gente entregándoles ganado "al partir".¿Cómo funciona eso?, pues consiste, o consistía, en que el dueño del ganado le entregaba a alguien una hembra y la primera cría era para el dueño, el segundo para el que lo criaba, así sucesivamente.A la muerte de su padre, mucha gente se quedó con el ganado, pues tan solo su padre sabía a quienes había entregado sus ganados.

Retorno a Lima, continuo con su vida.Pasado los años contrajo matrimonio, y después de 50 años nuevamente viajo a su tierra ya en compañía de su familia.Recordó con melancolía su colegio, el barrio y la calle en donde nació, la plaza en donde alguna vez vio jugar a su tío "el papa" Arquímedes Vargas, la iglesia ya no estaba allí, todo había cambiado y no pierde la esperanza de que algún día regresaría para bailar la pandilla y gozar viendo a los tolentones.Si es que tiene la suerte de que todavía lo festejen.Antes de pasar a otro capítulo, quiero también decir que, otra de las costumbres era la pesca, un grupo de hombres preparaban el barbasco, unas raíces o sogas lo molían o chancaban con piedras para ablandarlo, instalaban mayas o barricadas en la desembocadura del rio, luego se dirigían a la cabecera del mismo rio, mientras tanto los pobladores premunidos de llicas, cedazos, o cueladores, con canastas, bolsas, etc.Esperaban que suelten el veneno (barbasco).

Es decir, vertían en el rio el barbasco que era un veneno, al cabo de unos minutos los peces morían envenenados, la gente los recogía, eran peces de todos los tamaños, entre ellos camarones, caracoles y cangrejos, pues depredaban el rio, eso se repetía cada año, de igual manera otros hacían explotar dinamitas con carnadas, los peces morían con la explosión, en algunos casos también usaban otro veneno llamado aldrin.

Felizmente esa práctica se terminó con la prohibición por parte de las autoridades.Hoy solo pescan con tarrafas o atarrayas y anzuelos.

CAPITULO III
EL SERVICIO MILITAR

En 1973 el servicio militar era obligatorio, Marvin tenía 19 años (menor de edad aun, la mayoría de edad se obtenía a los 21), sin embargo, ningún joven quería enrolarse en las fuerzas armadas, tenían mucho miedo, es por ello que la policía salía a las calles detenían a los jóvenes, sin mandato judicial (las garantías personales estaban suspendidas, era la época del gobierno del general Juan Velasco.Gobierno de facto producto de un golpe militar), a los que caminaban libremente por las calles los llevaban a los cuarteles del ejército, la marina o aviación, sin importar si trabajaban o estudiaban, hecho conocido en aquel entonces como las "levas", conducidos a la fuerza en contra de su voluntad por los policías.Durante el Gobierno Militar del General Juan Velasco Alvarado y Remigio Morales Bermúdez Cerruti.

Marvin aún no tenía bien claro o definido que iba a hacer en el futuro, acababa de terminar su secundaria, no logro ingresar a la entonces escuela de oficiales de la Guardia Civil, un mes de junio de 1973 decidió salir de su casa, pero antes le dijo a su madre que se enrolaría en el ejército de manera voluntaria, pues su meta era ser policía o militar.Se despidió de su madre salió sin rumbo conocido.Caminaba por las calles de Lima, cuando de pronto se encuentra en las puertas de la división blindada, hoy fuerte Hoyos Rubio en el Distrito del Rímac, decidió ingresar, no obstante que frente a su casa estaba también el Cuartel "barbones" Escolta del presidente de la República (caballería), pero por esas cosas del destino fue a parar al Rímac.Allí se encontró con el primer cuartel con la puerta abierta, (Mariscal Castilla) estaban varios soldados con sus armas en la espalda. Hiso su ingreso, sentado estaba un oficial que tenía dos galones sobre sus hombros (un teniente).Este le preguntó que deseaba, y por qué estaba allí, le respondió, "señor quiero servir a mi patria como voluntario", no obstante que ya se había inscrito para adquirir su libreta militar y no sabía si saldría sorteado para servir en las fuerzas armadas.El teniente estaba como oficial de guardia, nuevamente le pregunta, "cuántos años tienes", le respondió "19 señor", "que grado de instrucción tienes" le dice, respondió "quinto de secundaria señor", el oficial murmura "hum, para furriel" (cargo de oficinista).El teniente llamó a un "número", dice sele así a un soldado que estaba de servicio de guardia, para que le conduzca al interior del cuartel.Se trataba del cuartel de tanques BTQ 213 (Batallón de Tanques 213).El soldado le condujo a la compañía de comandos, allí se encontraban un gran número de jóvenes todos vestidos con ropa de civil, algunos con el cabello largo, otros con barba, que precisamente habían sido levados, etc.La primera semana, seguían ingresando más jóvenes, se llenó una cuadra (ambiente tipo dormitorio para los soldados).En las noches los "clases" es decir los cabos y sargentos, cerraban la puerta de la cuadra, se mofaban de los pobres jóvenes, el sargento sentado sobre uno de los roperos, les decía "haber el recluta Manuel, que sabes hacer", "se cantar señor", el sargento replicaba "¡a mi tienes que decirme mi sargento carajo!", entonces Manuel decía "se cantar mi sargento", "¡¡haber canta!!", Manuel cantaba al final el sargento decía "¡¡aplausos para el recluta Manuel!!".Nuevamente llamaba "¡¡haber tú, ¡¡cómo te llamas!!", "Antonio mi sargento"; "¡¡tú qué sabes hacer!!", "se bailar mi sargento", a ver baila, el recluta Antonio bailaba todos aplaudían, así otros contaban chistes, etc.Al final el sargento llamó a otro recluta le preguntó lo mismo, le respondió que no sabía hacer nada, el sargento dijo, "¡¡entonces todosríanse del recluta!!". Le dijo aquella frase muy conocida en el ejército, "¡¡aquí las órdenes se cumplen al pie de la letra sin dudas ni murmuraciones!!", "¡¡aquí no hay que mi papá o mi mamá carajo, aquí están en el ejército!!".De pronto, Marvin levanto su voz y dijo "¡¡haber porque no se ríen del sargento!!", el sargento enardecido, y colérico preguntó "¡¡quién fue!!", nadie dijo nada, entonces como nadie decía quien fue, el sargento encolerizado dijo, "¡¡todos serán castigados!!", de pronto surge el cabo Higa, un japonesito chatito gordito, que estaba sirviendo en el ejército, como todo ayayero o adulón dice "fue él, mi sargento", señalando a Marvin, es que el "chinito" era sus monitor, (clase responsable de los cuidados mientras eran reclutas), "ah, con que fuiste tú, dice el sargento, pasa adelante", ¿qué sabes hacer? le preguntó, le respondió "así sepa hacer algo no lo voy hacer", "¡¡eres rebelde, relajado!!" dice el sargento, le respondió ¡usted no tiene ningún derecho de burlarse de nosotros!, el sargento le dice "¡mira concha de tu madre, aquí estas en el ejército, aquí no hay que mi mamá o mi papá", "aquí, nada carajo, ahora tú las ordenes las cumples sin dudas ni murmuraciones carajo!",

Marvin resistió, el sargento frente a esta afrenta ordenó al cabo Higa que le obligara a rampar (arrastrarse de pecho o de espaldas por debajo de los camarotes), además dispuso que, por cada vez que se detenga le castigue con un "cintazo" en el cuerpo, (cinto, una correa multiuso con orificios de metal).

Terminado el castigo, tenía que decir "¡orden cumplida mi sargento!", pero como Marvin era un rebelde y odiaba los abusos, (ya tenía rasgos de un futuro abogado, y él no se daba cuenta), no lo hizo, el sargento le obligó ordenando al cabo Higa que le castigara con el cinto de metal y le obligo hacer el trompito, es decir dar varias vueltas agachado sobre un dedo hasta caerte, al final terminas muy mareado, Terminado el castigo, se armó de valor le dijo al sargento, "mira concha de tu madre, porque estas en el cuartel y tienes un grado no vas a venir a abusar de nosotros, si continuas, el primer día que salgamos a la calle, te vamos a esperar, te vamos a sacar la concha tu madre carajo" otro recluta también dijo "no solo a ti, mierda, también a los "tombos" de mierda que nos trajeron aquí".El sargento sintió la pegada, a partir de entonces les tenía no sabe si miedo o respeto, nunca más ningún clase (cabo o sargento), se atrevía golpear a un soldado y menos a Marvin.

Al día siguiente se le acercó el cabo Higa y le dice "Marvin, por favor a mí no me hagan nada, yo solo cumplía órdenes", le respondió "mira huevón, si tu sargento te dice que nos mates lo vas a hacer, no seas cojudo, así es que ya sabes más te vale que te portes bien con nosotros porque si no también a ti te cae por adulón, así es que fuera mierda" lo arrocho.

CAPITULO IV
EL EXAMEN MEDICO

Habían pasado quince días de estar durmiendo en el piso amontonados, con sus mismas ropas de civil, llegó el gran día.Hace su ingreso un teniente y saca a todos al patio les hace formar, dice "muchachos hoy les vamos a llevar a todos para que pasen un examen médico", los llevaron a un local bien grande en donde estaban todos los reclutados de diferentes cuarteles, todos formados en fila totalmente desnudos, la gran mayoría temblaba de miedo además del frio, era época de invierno, algunos lloraban, rogaban a los médicos para que les pongan INAPTOS.¶

Las madres de algunos llorando en la puerta pidiendo que suelten a sus hijito, otros "mariconcitos" lloraban gritando "mamá sácame" o "papá sácame", los médicos les decían "maricones no lloren carajo, ¿quieren servir o no?", algunos decían "¡nooo!", les ponían "inaptos" en el pecho y los botaban a la calle, "¡fuera maricón carajo, aquí solo se quedan los machos y bien varoncitos!", les decían los médicos que también eran militares asimilados.Mientras tanto la madre y familiares de Marvin desconocían su paradero, él nunca supo si lo buscaron o no, pero como le había dicho a su madre, el suponía que ya sabían su destino, pero lo que no sabían era en que cuartel de lima estaba.

El pecho de cada recluta parecía una pizarra, pues allí anotaban los resultados de todos los exámenes médicos, ojos, nariz, garganta, pulmones, talla, peso, etc.De pronto a Marvin ya le habían llevado a otra fila para ser paracaidista, o policía militar, etc. el oficial que los llevó tenía que regresarlo a su grupo.

Terminado el examen médico, de regreso todos al BTQ 213, (batallón de tanques 213).Ya en el cuartel, a formar nuevamente para recibir por primera vez sus uniformes, que consistía en un pantalón, una camisa, un polo, un calzoncillo, pero no el que todos los civiles usamos, sino uno hecho de tela tocuyo tipo short, un par de borceguís (chanca buque), pero no crea que eran nuevos, sino lo que los anteriores soldados dejaron al irse de baja, después de haber cumplido su servicio militar.

Para la época de invierno entregaban un "capotín" (saco cruzado de paño), los ubicaban a cada uno en un camarote para dos personas, primer y segundo nivel y al lado un pequeño ropero, además les entregaban una "gamela" (bandeja de aluminio con compartimientos), una tasa, una cuchara, un cuchillo un tenedor, toalla, jabón, pasta dental un betún negro.El jabón, ni se diga, a la primera bañada la cabeza se llenó de caspa, así es que obligado a comprar sus jabones de marca (no había shampu).

A Marvin le tocó compartir el camarote y ropero con el recluta Julio Monge, este era un tremendo ocioso, no le gustaba lavar su ropa y se ponía la ropa limpia de Marvin, cuando lo encontraba comenzaba la pelea, se agarraban a golpes, hasta obligarlo para que se quite la ropa.Monge era un caso, cuando le tocaba hacer servicio de noche, en el segundo o tercer turno, este nunca llegaba al relevo, al final el soldado del turno anterior hacia los dos turnos.

CAPITULO V
LAS VISITAS

Luego de haber pasado los exámenes médicos, cada uno con sus uniformes, no podían todavía salir a la calle durante un mes, pues continuaban acuartelados, pero para entonces ya sus familiares sabían en que cuartel estaban, los clases (cabo o sargento) que salían a la calle les pedían su dirección domiciliaria, y ellos avisaban a los familiares en que cuartel estaban, entonces todos los sábados y domingos llegaban a visitarlos, les llevaban frutas, bebidas, comida, cigarrillos, dulces, etc.

Les ponían música, todos a bailar, unos con sus enamoradas, otros con sus madres y otros familiares, mucho se acuerda que estaba de moda el tema hola soledad, camino del puente, etc.Terminada la visita, los familiares regresaban a sus casas y los reclutas a sus dormitorios, ¿qué creen que ocurría?, empezaban a compartir lo recibido es decir a comer y tomar gaseosas otros a fumar. Así sucesivamente durante un mes largo, había quienes no tenían visitas, pues eran los que fueron levados en otras provincias, como cañete, Huaral, huacho, etc.,

CAPITULO V
LA MARCHA DE CAMPAÑA

Terminado el primer mes, los llevaron a la marcha de campaña. Iban en caravana, varios camiones transportando a los reclutas, iban jefes y oficiales, llevaban también una cocina modelo israelí, tanques con agua, pues se quedaban 15 días en el desierto. Allí les enseñaban como debían orientarse, en el día o la noche en caso de que se perdieran en el desierto o en la selva.En las noches recibían charlas de diferente tipo relacionados con combate (ataques y defensas), cada recluta armaba su carpa para dormir.

Les daban tan solo una cantinflora con agua para una semana, pues tenían que ahorrar el agua, no podían lavar sus utensilios con agua, lo limpiaban con arena y papel higiénico, para cocinar no usaban aceite sino manteca, ya se imaginan cómo quedaba la gamela, pero la arena es buenazo para limpiarlo, para dormir los antiguos soldados o clases se turnaban en tres turnos de 3 horas cada uno, el primer turno comenzaba a partir de la 9 hasta las 12 de la noche, el segundo turno de 12 a 3 de la mañana el tercer y último turno desde las 3 hasta las 6 de la mañana, siendo su función cuidar que nada ocurra al personal que dormía, llamado "servicio de imaginarias" (así se le conoce al soldado que hace turno en la noche), pero el recluta todavía no podía hacer "servicio de imaginaria" y de ningún otro tipo, lo hacían los soldados más antiguos.

Allí los oficiales les decían, que el fusil que portaban era como parte de su cuerpo, es decir no lo podían dejar para nada, por ello que lo usaban como almohada, al momento de desmotar (desarmar), el fusil, no podía caerse ninguna pieza, de lo contrario eran sancionados con un "baquetonazo" en la pierna (baquetón, varilla de cobre utilizado para limpiar el cañón del fusil).O con esfuerzo físico, (ranas, canguros, planchas, etc..

Dependiendo del estado de ánimo del oficial, pues en algunos casos los golpeaban con la culata del fusil en el pecho o les propinaban una cachetada o patadas, Esto ocurría después de cada ejercicio de tiro.

Durante la marcha de campaña, practicaban tiro, desde diferentes ángulos, posesiones y distancias, de pie o echado, a la cintura, en línea, etc.Terminado los quince días, regresaban al cuartel, a partir de allí los reclutas pasaban a ser soldados. Durante los quince días de permanecer en el desierto no había tiempo ni siquiera para quitarse los zapatos, pues permanecían mañana, tarde y noche con uniforme incluido los zapatos.Al llegar al cuartel, ya de regreso, Marvin tenía el dedo gordo de su pie izquierdo tan hinchado que le salió uñero, pues tuvieron que sacarle la uña.Y no lo hizo un enfermero sino un soldado llamado sanitario, le inyecto con una jeringa gruesa la xilocaina, luego con el mango de una cuchara levantó la uña y lo saco, 30 días internado en la enfermería sin poder caminar, en una oportunidad intento parase sobre sus dos pies, de pronto comenzó a sangrar nuevamente del dedo sin uña.

En todo acto, lo usual era mandar reunión, o para pasar lista, después de ducharse, antes de almorzar, etc. Montar o desmontar el arma el oficial o quien estaba al mando, pedía dos o tres últimos.Es decir, los dos o tres últimos en terminar recibían su castigo.Así como también les hacían subir a la punta de un cerro, con una gran piedra en el hombro desde arribar gritar su nombre, bajar corriendo por que también tenía que haber uno o dos últimos en llegar, el castigo continuaba.Es decir, el ejército era y es para varones, los que no aguantaban, desertaban es decir abandonaban de manera clandestina el servicio militar, por ello serian denunciados ante el fuero militar.

¡Ah! en ocasiones cuando se le terminaba el agua, por las noches, como era totalmente oscuro, rampaba sobre la arena para llegar al camión cisterna rellenaba su cantinflora y retornaba a su carpa.Ahora el problema era como identificar la suya. El secreto era que tenía que saber quién era su vecino llamarlo sin hacer mucho ruido se corría el riesgo de ser descubierto o simplemente disparado por el soldado de turno o imaginaria.

CAPITULO VI
EL SERVICIO INTERNO

Después de haber concluido la marcha de campaña, los reclutas estaban preparados para efectuar los servicios propios de los cuarteles en las Fuerzas Armadas, entre ellos el de cuartelero, imaginaria, galponero, torreonero, el cabo cuartel, etc.

Además, también eran seleccionados para ubicarlos en las diferentes especialidades, con la finalidad de prepararlos para que desarrollen sus actividades.Durante su permanecía en el cuartel, como ejemplo, algunos eran destacados a la escuela de tanqueros, choferes, enfermeros, mantenimiento de motores, tanto de tanques como de los otros vehículos, también armeros, etc. a los que tenían secundaria completa los ubicaban en las oficinas para   desempeñarse como "furrieles" u oficinistas, A Marvin lo ubicaron en la oficina del S3, como oficinista.

En una ocasión a Marvin le tocó hacer servicio de galponero (ambiente grande en donde se estacionaban los tanques y todos los vehículos motorizados., en el turno noche, de 9 a 12, pero tenía una pesadilla cada vez que le tocaba hacer servicio un turno antes con su compañero Monge, es decir si a este le tocaba relevar de 12 a 3 de la mañana, Monge nunca se presentaba, ya lo conocían, le dejaban diciendo "Monge, no esperes que vengan a buscarte, ya sabes te espero para el relevo", y como siempre Monge no se presentó, y lo malo era que el soldado o clase de servicio no podía abandonar su servicio.

Llegó el oficial de turno para pasar revista, le dio parte, que todo estaba sin novedad en el servicio, pero que Monge no se presentó al relevo, el oficial anotaba en su cuaderno se retiraba.De inmediato Marvin se fue corriendo a la cuadra, al entrar nomas grito "Monge de mierda, carajo porque chu…, no fuiste a relevarme", llegó hasta su cama   este no estaba, ya se había escondido, finalmente se "comió" el servicio de Monge.

Al día siguiente la pelea a golpes, los demás se vacilaban porque siempre era así.Pero Monge era un pata bonachón lo hacía de puro palomilla y de paso por haragán, el solo se reía del accionar de Marvin, es que un turno de 3 horas por la noche era una eternidad, más el frio en pleno invierno, era terrible, pero que podían hacer, solo aguantar el sueño, encima al día siguiente a levantase temprano.

Pero también no puede quejarse nos dice Marvin, porque le gustaba hacer su servicio de galponero, ¿adivinen por qué?, el galponero se quedaba con las llaves de los carros.Así aprendió a manejar carro, en un jeep, comenzó aprendiendo a encender el motor, luego a ir hacia adelante y atrás, hasta que una noche logro salir se dio una vuelta por el patio del cuartel, no había nadie, todos dormían.

También cuenta que, a Monge no le gustaba lavar sus prendas, se ponía su ropa por eso era otra pelea, pero lo obligaba para que se quite su ropa.Pucha y tuvo que aguantarlo un año, hasta que Marvin salió y se fue de baja, Monge se quedó un año más él tenía solo primaria.Cuando hacían servicio de guardia, algunos se quedaban en la guardia, otros se iban a los torreones, el oficial de guardia para asegurarse de que no estén dormidos, ordenaba al que estaba en el torreón de la puerta principal para que grite, unooooo, el otro tenía que contestar dooooosssss, así sucesivamente, hasta el último.En la penumbra de la noche en todos los cuarteles y todas las noches y días ocurría lo mismo, eso ocurría cada media hora, si uno de los torreoneros no contestaba, le llamaban por radio sino contestaba otro soldado se constituía al lugar, para no solo despertar al soldado sino para castigarlo, hasta que se le pase el sueño y no se quede dormido nuevamente.

CAPITULO VII
LA DISCIPLINA

También les enseñaban como debe de lustrarse las botas, el truco consistía en echarle pasta, luego con un poco de saliva un pedazo de algodón, pulirlo hasta dejarlo brillante.El sargento pasaba revista y decía quiero ver los zapatos como un espejo para mirarme y peinarme, pobre del que no brillaba, lo castigaban obligándole hacer ranas o planchas.El sargento decía "¡para ranas!" el soldado respondía uno dos, cien ranas le decían, como también podía ser planchas, polichinelas o canguros o una completa.(50 de cada una, planchas, ranas, canguros, polichinelas, etc).Ah pero no se le podía castigar a un soldado o clase estando en pleno servicio.

A la hora de la comida, sea desayuno, almuerzo o cena, nadie podía ni debía distraerse al momento de lavar sus utensilios, de lo contrario otro ya lo había hurtado eso es hablando en términos legales, pero allí se le conoce como "nivelación", es decir el que lo hurto, se nivelo, porque seguramente a él también le hicieron lo mismo, o tenía esa mala costumbre.

Es decir, era una cadena.Ocurría también con la ropa a la hora de lavar o secarla, tenían que estar cuidando.Ah, el secreto era quedarse callado para que nadie se entere, de lo contrario cuando se nivelaban con otro, ya sabrían quien había sido.

De igual manera, si por alguna razón llegaban tarde a pasar desayuno o rancho, ya no podían ingresar a la fila se quedaban sin desayuno, almuerzo o cena.Es decir, sin rancho.

En aquella época el trato era muy duro, si no se hacía caso o se desobedecía una orden, les golpeaban con la culta del fusil en el pecho, o les daban una patada en el tobillo o canilla y los barrían y caías al piso si eras débil, o le agarraban mal parado, tenían que aguantar a pie juntillas.

Claro que daba tal cólera e ira que daban ganas de responder el golpe, dice Marvin, pero no, porque te arriesgabas a un castigo mayor o te enviaban al calabozo.Caballero nomas, y eso era una cadena, los nuevos reclutas pagaban el pato.

Otra de las costumbres era, que cuando estaban en formación o simplemente había una agrupación de soldados, veían acercarse a un oficial, de cual cualquier rango, el sub oficial si lo hubiera o cualquier clase, tenía que mandar un ¡¡¡atensiooonnnn!!! Y todos se paraban o dejaban de hacer lo que estaban haciendo, para ponerse a pie juntillas, y el que mando atención tenía que saludar y dar parte al oficial, diciendo lo que estaban haciendo o simplemente decir todo sin novedad mi alférez, mi teniente, mi capitán, etc.Pero si en el grupo había otro de mayor rango, decía ¡¡¡firmeeeesssss!!!, todos en atención y el que mando atención se queda callado, y es el oficial de mayor rango el que daba parte, siempre que el otro oficial sea de mayor rango, eso era todos los días y a cada momento.

CAPITULO VIII
LA RUTINA DIARIA

Ya como soldados, les habían asignado sus tareas, unos iban a los lugares ya asignados, como dije escuela de artillería, otros a la escuela de tanques, otros a la escuela de choferes y mecánicos, etc. los que como Marvin tenían secundaria completa iban a las oficinas, para redactar documentos a máquina de escribir, en aquella época no había computadoras, mucho menos las personales como las de ahora.Es bueno decir que, en las Fuerzas Armadas para todo era al son o compas de la corneta, es decir corneta para levantarse, corneta para formar, corneta para desayunar, corneta para descansar después de las labores, corneta para almorzar, corneta para dormir, cada toque era distinto y tenía su nombre, incluso cuando llegaba el jefe del cuartel, o cuando llegaba un coronel o general. el corneta siempre está en la puerta al lado del oficial de guardia.

En el cuartel había un teniente chato, que era un insoportable, se le había prendido a Marvin, por el solo hecho de ser oficinista, en donde lo encontraban, le obligaba hacer 50 o 100 ranas o planchas, es decir le tenía entre ceja y ceja, tal es así que, cuando salía de una oficina a otra, o cuando cruzaba el patio, primero tenía que asegurarse que no esté el teniente Málaga.En la educación física, lo enfrentaba con los demás soldados, decía, haber vamos hacer 500 ranas por el soldado Marvin.

Todos los días los levantaban a las 5 de la mañana, a esa hora venia el oficial de día (teniente de servicio de día y noche), decía "dos últimos para levantarse ponerse su ropa de deporte".Tenían primero que tender sus camas a la perfección, salir corriendo a lavarse y asearse, luego a formar, pasar lista para dar inicio a la rutina diaria, es decir correr varios kilómetros, lo hacían por el lomo de los cerros que bordean el fuerte Rímac, de allí se ubicaban en una explana para hacer planchas, polichinelas, ranas, etc.Cuando decía "dos últimos" se refería a que no podían llegar más de dos al último, de lo contrario precisamente serian castigados los dos últimos en llegar, ya se imaginarán que al final de la fila todos se amontonaban para no ser los últimos, se amontonaban de atropellada. Pero al final siempre quedaban dos, pues eso solo se cumplía cuando el oficial o un superior lo decía, sino no.

Terminado esta rutina diaria, nuevamente rumbo al cuartel, a las duchas, eran regaderas de 5 por 5, allí se metían todos desnudos, ah, pero tenían que bañarse con los ojos abiertos, si se metía el jabón a los ojos caballero nomas, de lo contrario otro se nivelaría con la toalla o calzoncillo o el jabón de marca, no obstante que el oficial estaba parado en la puerta para verificar que se bañen.

Terminado el baño, a prisa tenían que cambiarse, es decir ponerse el uniforme del día o lo que tocaba.Según el día se ponían mamelucos o buzos, para trabajar, todos salían corriendo, algunos con los pasadores sin amarrar, terminaban de vestirse en la formación, pasaban lista, luego marchaban al comedor para recibir sus desayunos, que consistía en una tasa con "quaker" y leche más dos panes con soledad y a veces con mantequilla.De allí a lavar sus utensilios para guardarlos en sus roperos, otra vez a formar para luego cada uno dirigirse a sus respectivos puestos, para desarrollar sus actividades diarias.Los oficinistas o furrieles eran los únicos que tenían algunas ventajas o gollerías, es por ello que el teniente Málaga les tenía cólera. Durante el día, cada uno cumplían con sus funciones, a la hora del almuerzo y en la noche la misma rutina, ah y no se olviden del toque de la corneta, pero eso no es todo, pues todos los días se turnaba un grupo de soldados para encargarse de la limpieza de los dormitorios, tenían que barrer y encerar los pisos, y para ello quienes pagaban pato eran los recientemente ingresados (reclutas).

Destendían cualquier cama, utilizaban una frazada, dos soldados jalaban y dos se acostaban sobre la frazada el piso quedaba brillantito, a la hora de dormir el dueño de la frazada caballero nomás, tenía que aguantar el olor a cera.Mientras tanto los demás a ver televisión en el comedor, si sobraba carne después de la cena, los cocineros (soldados rancheros), ponían las pailas llenas con carne en el pasadizo del comedor, así es que, metían sus manos sacaban trozos de carne y comían mientras veían televisión, hasta las 20:50 horas, a las 21 horas, (9 de la noche) a formar para pasar lista y a la camita, previamente el corneta tocaba el toque del silencio.Con un tono tan melancólico que les daba ganas de llorar al sentirse alejado de sus familias.

Pero no sin antes que el oficial de día pasara revista, se paraba en la puerta de la cuadra decía, "¡atencioooon!" Todos con los pies descubiertos, con un látigo en la mano pasaba revisando, si encontraba a alguien que le apestaba los pies lo mandaba, no a lavarse sino a bañarse.Sea invierno o verano con agua fría. Por eso Marvin se reía cuando un soldado enamoraba a una señorita, esta decía soldado cochino, cuando el soldado era y es el más limpio y aseado.

Marvin tenía su almanaque de bolsillo, cada día que pasaba marcaba para saber cuántos días le faltaba para salir de baja, él trabajaba en el S-3 a cargo de un mayor, tenía como compañero a un sub oficial y a otro soldado llamado Julio Espilco, a diario el mayor les asignaba sus funciones; los días viernes a partir de la 18.0 horas salían a la calle, pero si tenían servicio el sábado o domingo se quedaban, los demás salían, tenían que haber terminado sus tarea, quien se encargada de dar parte al mayor era el sub oficial.El ejército, la marina y aviación son sinónimo de disciplina, orden, respeto también solidaridad.

En este lapso, fue seleccionado para hacer el primer curso de comando anti subversivo, a cargo del entonces "paracas", teniente.Alejandro M.que llegó a ser general de división.Allí aprendió a realizar disparos desde todos los ángulos, distancias y posesiones, aprendió a montar y desmontar (armar y desarmar) todo tipo de armamento, tal es así que llego a ser "instructor" de los cadetes del último año de la escuela militar de Chorrillos, que hacían sus prácticas en su cuartel.Recuerda que había una ametralladora, que para desmontarla tenía un truco y solo él lo sabía, por supuesto que les enseño como hacerlo.

CAPITULO IX
EL CASTIGO

Un buen día, Marvin termino su tarea salió de paseo sábado y domingo, tenía que regresar el domingo a las 9 de la noche, era muy disciplinado, nunca llegaba después de la 9, nunca se quedó fuera del tiempo permitido, pero aquel domingo al llegar a la puerta del cuartel, ya estaba cerrada, y no porque era tarde sino porque se cerraba a las 8 de la noche, para ingresar tenían que identificarse, dando el santo y la seña, El torreonero de la guardia grita, diciendo "¡ALTO, QUIEN VIVE¡", el soldado o clase tenía que responder "¡SOLDADO DEL CUERPO!", o "¡CLASE DEL CUERPO!", ese era el santo, el torreonero le grita "diga la seña", cumplido con el procedimiento el torreonero dice "¡mi teniente es el soldado Marvin!", el oficial ordena que abran la puerta.

En los cuarteles todos los días cambiaban el santo y seña, para evitar que una persona ajena pretenda ingresar. Marvin ingresa, el oficial de guardia le dice "que has hecho huevón", le responde nada, entonces porque el mayor Jesús, me ordenó que cuando llegues te encierre en una individual (calabozo en donde tan solo puede estar una persona en pie o parado, la puerta choca con la nariz).

A cada hora te saque al patio para que te echen un baldazo con agua, pero como el oficial de guardia era su pata, le dijo "pasa acuéstate en un colchón dentro del calabozo", es que en aquella época tan solo habían colchones de paja, finalmente se quedó dormido no le despertaron cada hora ni le echaron agua, tal como estaba dada la consigna u orden, al día siguiente lunes, escucha la voz de su jefe, el mayor Jesús, le pregunta al oficial de guardia, "¡dónde está Marvin!", el oficial de guardia le responde "está adentro mi mayor", "llámelo", el oficial de guardia le llama, pero no sale, al rato ingresa el mismo mayor, abre la puerta pero Marvin se hacia el dormido, de pronto siente una patada, diciendo "¡ya levántate, báñate vete a la oficina!", le responde no voy, usted me castigo sin razón ni motivo, es que el sub oficial adulón le había dado falsa información al mayor, indisponiéndolo, en el sentido de que Marvin había salido a la calle sin terminar su tarea, lo que era falso, nunca faltan los adulones encima mentirosos.

Por último se levantó, lo miro molesto al mayor, y este le dice "¿por qué me miras así?", "¿todavía pregunta?", le responde, le dijo, "mire mi mayor, yo solo ruego que haya una guerra", el mayor le pregunta por qué, "pues porque de ser así, le responde, al primero que voy a matar será a usted", "¡carajo!", dice el mayor, "eres rebelde", ya anda nomás, toma tu desayuno te espero en la oficina, se retiró.

¡Ah! Pero nos cuenta que aquella noche, mientras intentaba dormir sobre un viejo colchón de paja, sin sabana ni frazada, por primera vez sintió que alguien pisaba el colchón, sintió un pie al costado izquierdo y el otro en el lado derecho, como que alguien se paraba sobre él, con sus piernas abiertas, abrió sus ojos, movió sus brazos no había nada. De pronto su cuerpo se le escarapelo, pero eso sí, la verdad nos dice no tuvo miedo. Es que comentaban que muchos soldados pasaron por allí seguramente ya habrían fallecido.

CAPITULO X
LA REVISTA

En otra ocasión, el mayor Jesús le dice, "prepárate un memorándum para sub tenientes, tenientes y capitanes, voy a revisar, reglamentos, ropa interior, brújula, armas, municiones, máquina de afeitar, etc. Marvin redacto el documento se los entregó a todos los oficiales involucrados, en donde señalaba fecha y hora para la actuación, se trataba de un día viernes.

Todos los oficiales, formados en fila frente al mayor, Marvin a su costado, dio inicio diciendo, "haber Marvin, vas a tomar nota que le falta a cada uno, no salen a la calle a los que les falta algo, de lo contrario le dan parte a Marvin, para que puedan salir", y revisaba a cada uno, incluso algunos oficiales le pedían a Marvin que les ayude prestándole su máquina de afeitar, etc. Terminada la revisión, el mayor se retiró, le dice, tú te encargas de controlar que todos cumplan con presentar lo que les falta.

Eran las 6 de la tarde del día viernes, el mayor Jesús ya se había ido a su casa, solo estaba Marvin, en la oficina y comenzaban a desfilar los oficiales, algunos le decían "oye hermano, dame una mano hoy tengo un matrimonio", otro le decía "hoy tengo un bautismo", etc.él les decía "mi teniente, o sub teniente, no se haga problema váyase nomás", les ponía en el papel un visto bueno o chek, como si se lo hubieran presentado las cosas que les faltaba.

Pero había uno que se paseaba por el pasadizo, no se atrevía ingresar a la oficina, adivinen quien, pues nada menos que el teniente Málaga, quien le tenía marcado en todo, pues al parecer no le simpatizaba le castigaba constantemente, dentro de él decía, "ahora pues, ahora me toca a mí", pero como siempre Marvin se caracterizó por ser una persona que no le gustaba la revancha, nunca fue vengativo, sale de su oficina le dice, se le perdió algo mi teniente, le responde "no", pero pase mi teniente, dígame "hay algo que pueda yo hacer por usted".El teniente le responde, "la verdad, yo tengo todo, pero están en mi casa, hoy es el cumpleaños de mi papá, tengo que estar con él", Marvin cogió la hoja en donde figuraba que al teniente le faltaba varias cosas, delante de él le puso "check", como si los tuviera, le dijo, "mi teniente, váyase nomás, no se preocupe ya está arreglado".

A partir de entonces ambos se hicimos amigos, y el teniente siempre le pedía apoyo para que le tipee o escriba algunos documentos, incluso un día que estaba dando sus exámenes para su ascenso al grado de cabo, el teniente le pide para que le escriba unas relaciones o listado de cosas y un informe, y le dice mi teniente ahora no puedo, hoy tengo que dar mi examen de esfuerzo físico, pues ya había pasado los demás exámenes, el teniente le dice no te preocupes no vayas al examen, yo me encargo de hablar para que te aprueben, así fue y ascendió al grado de cabo.

Pero antes llegó el día lunes, el mayor Jesús le llama para que le dé parte, de la orden que le había impartido, le dijo al mayor que todos habían cumplido con demostrarle que si tenían las cosas que a algunos les faltaba, el mayor con una cara de pocos amigos le mira fijamente, dice "ayayay, pobre de ti si me estas mintiendo".

CAPITULO XI
LA SOLIDARIDAD

En otra ocasión, su compañero de oficina, es decir Julio era un "pendejerete", nadie se había dado cuenta que este majadero todos los días se escapaba, para ir a almorzar y cenar en su casa, él vivía por Condevilla, como tenía su fotocheck especial de color rojo, que le permitía salir en cualquier momento, la policía militar no lo controlaba, hasta que una noche, estuvo de servicio un teniente maloso, nada menos que el teniente Gonzáles, él no se tragaba el anzuelo.Al pasar la lista, cuando llamaban a Julio alguien contestaba por él, pero los demás tenientes no contaban, pero a este si se le ocurre contar a los que estaban allí, dice "según mi lista hay 50 entre soldados y clases, haber voy a contar", cuando termina de contar faltaba uno, ese uno era Julio.

A ver "¿quién sabe en donde esta Julio?" Nadie decía nada, el teniente dice "muy bien, pues por solidarios hoy nadie cena", mando a buscar a Julio.Eran las 9 de la noche no lo encontraban, el teniente llama a la guardia pregunta si lo vieron salir responden que nadie lo vio salir, cuando de repente ya eran las 9.0 de la noche el personal seguía de pie en la formación desde las 5 de la tarde, y lo ven llegar a Julio, uno de ellos grita "¡mi teniente allí esta Julio!", el teniente lo interrogó confeso que todos los días salía por la puerta falsa o posterior para almorzar y cenar en su casa, además que estaba templado de su hembrita; entonces a Julio lo mandaron al calabozo.Durmió junto con los castigados.

CAPITULO XII
LAS ANÉCDOTAS

1. En el interior del cuartel había un kiosco, a cargo de una señora y una ayudante, allí vendían de todo, los soldados que no querían tomar desayuno del cuartel, pagaban su platita compraban lo que querían, ah, pero la señora que atendía allí tenía muy buenos atributos, el mayor Jesús a partir de las 4:45 todos los días se iba allá, se quedaba hasta la 9 de la noche.Es bueno decir que cada soldado cobraba una propina mensual de S/.50.0

Marvin lo chantajeaba, pero en broma, cuando el mayor le quería castigar le decía, "mi mayor cuidado que yo hablo", él respondía "que vas hablar, carajo", "yo solo digo nomás mi mayor", le respondía.En otras oportunidades le decía "mi mayor, hoy quiero almorzar en el comedor de oficiales", él le firmaba un vale para que vaya almorzar, es decir lo tenía marcado, y es que él era un jodido le gustaba castigar a los oficiales de menor rango.

Pero allí no termina la cosa, cada vez que Marvin iba al quiosco   solicitaba un jabón o una pasta dental, la ayudante de la señora no le cobraba, pero no sabía porque, hasta que un día domingo jugando fulbito, como él era arquero, viene una pelota en alto, salta para atrapar la pelota, un jugador rival lo barre en el aire, y al caer se apoya con la mano izquierda, este soporto todo el peso de su cuerpo se disloco el codo y la muñeca, es decir el hueso del brazo se salió por el codo los huesitos de la muñeca saltaron, pero eso no fue todo.

Tenía que bañarse para ir a la enfermería, para que luego lo lleven al hospital, como las duchas eran regaderas, el piso era un poco inclinado y resbaloso, se resbala vuelve a caerse, se apoya con el mismo brazo ya herido.Lo llevaron de emergencia al hospital militar central, el traumatólogo decía "que valiente eres", lo enyesaron desde del hombro hasta la punta de los dedos de la mano izquierda, regresaron al cuartel en una ambulancia y estuvo internado tres meses en la enfermería, tenía que bañarse con una sola mano, para lavar su ropa mordía la punta de la prenda para escobillar con la otra mano.

Cuando un buen día un "número" (soldado de servicio en la guardia), entra a la enfermería, dice "¡¡cabo Marvin, tiene visita!!".se vistió y se fue a la salita de visita que hay en la guardia, adivinen quien estaba allí esperándole: nada más y nada menos que la señorita que ayudaba a la señora en el quiosco, era una flaquita bonita, pero nunca se había fijado en ella, el solo iba a comprar, pero ella no quería cobrarle.Ya estando con ella en la salita de visita ella se le declaró, se hicieron enamorados, se besaron por primera vez, por una rendija el capitán Pacheco los miraba y se vacilaba. Era el capitán más chévere que había en el cuartel.

A partir de allí, cada vez que, hacia servicio en la guardia, pedía permiso al oficial de guardia para salir, a las 8 de la noche. Con su fusil al hombro se iba caminando por la avenida Alcázar, por el cine Madrid, para encontrarse con su enamorada la señorita del quiosco, sin presagiar que, por esas cosas del destino 4 años después, ya de civil, estudiante de administración, conocería a la que hoy es su esposa, que curioso, siempre pasaba por la esquina donde vivía su actual esposa, para ir a visitar a su flaquita, reconoce, que fue un ingrato porque cuando salió de baja nunca más se encontró con ella.Nunca se imaginó que de manera muy casual en una fiesta de cumpleaños de un amigo conocería a la que hoy es su esposa, una chiquilla de 16 años recién terminado su secundaria, con muchas ganas de seguir sus estudios superiores, fue muy difícil conquistarla nos cuenta Marvin, ella ingresó a la universidad de San marcos y estando en el tercer ciclo contrajeron matrimonio, Ah, pero antes de terminar esta parte.Durante el tiempo que estuvo en la enfermería, hacia sus travesuras, aún con el brazo enyesado, a las 12 de la noche o una de la madrugada, jalaba las camas de los demás enfermos mientras dormían los hacia amanecer en el hall, o en el baño de la enfermería.

2. Durante su tiempo de servicio militar, contaban tantas cosas que no se sabía al final si era imaginación o verdad, decían que, en la peluquería, (ambiente ubicado al fondo al costado del baño), entre los dormitorios de dos compañías había un pasadizo de 3 metros de ancho por 20 de largo, a la entrada, estaba la oficina del capitán de compañía al frente el almacén, en la noche permanecían cerrados, con candado por fuera.

Contaban que veían a una persona sentada sobre el sillón de peluquería, decían que no tenía cabeza.Una noche Marvin tenía que hacer servicio de "imaginaria" en el segundo turno, es decir a partir de las 12 de la noche hasta las 3 de la madrugada, por lo que contaban tanto esas leyendas, en ese momento se le vino a la mente esas cosas que decían, de pronto le entró un miedo que, no quería ingresar a pasar revista a los que dormían, ni a despertar a los relevos, se quedó parado afuera, al ingreso de la cuadra, cuando de pronto era la 01 de la madrugada escucha desde el interior del almacén que tiraron algo como un zapato, que golpeo la puerta, acto seguido la puerta comenzó a sacudirse, "¡ay carajo!" dijo, se acercó a la puerta vio el candado cerrado por fuera, no le quedó otra que salir al patio, tuvo que hacer doble servicio por el temor de entrar a despertar a su relevo que dicho sea de paso, Julio Monge no se fue.

Al día siguiente a las 6 de la mañana con la luz del día nuevamente se acercó a la puerta para verificar, pudo comprobar que, en efecto, la puerta estaba con candado no hubo ninguna persona en el interior, desde entonces se quedó con la duda, de quien sería el que tiro el zapato y sacudió la puerta a esa hora.

3. También decían que, en una de las casetas de control ubicada en el lomo de los cerros colindantes con la Universidad de Ingeniería, habían subido los universitarios al cerro dieron muerte a un soldado, por ello hicieron un muñeco con uniforme nadie quería hacer servicio allí.En otra ocasión le tocó hacer su servicio allí, subió a las 9 de la noche con su fusil al hombro, dijo "ni cojudo, no me meto a la caseta", se ubicó a unos metros más atrás, detrás de una gran piedra hasta que llegó su relevo.

Finalmente, cumplió sus 12 meses de Servicio Militar voluntario aun cuando era obligatorio, un mes de junio de 1974,

salió de baja por la puerta grande entre aplausos y abrazos, pero
ya en otro cuartel, en razón de que su batallón se había trasladado a Moquegua por la posible guerra con Chile

CAPÍTULO XIII
NUEVOS RECLUTAS

Al año siguiente, meses antes de la baja de los que ya cumplieron su servicio militar, nuevamente llegan nuevos reclutas, es decir era una cadena interminable, pero en el gobierno de don Alberto Fujimori se eliminó el Servicio Militar Obligatorio, para hacerlo voluntario, todos seguramente han podido ver la gran diferencia entre aquellos años del Servicio Militar Obligatorio, nuestra sociedad era más segura, no había tanta delincuencia como lo hay ahora después de su eliminación.

Al mes, nuevamente al campo en marcha de campaña, en el arenal todos a formar.Cada uno de ellos llevaban en la espalda una mochila que pesaba 20 kilos, debajo de la mochila un morral de 5 kilos, en el cinto multiuso, una pala pico con 3 kilos, una bayoneta, 2 cananas con 4 cacerinas con 80 balas, un fusil a la espalda, una ametralladora antiaérea en la mano, y en la otra el pedestal de la ametralladora, imagínense cuantos kilos cargaba cada soldado, así tenían que correr en el arenal, con el oficial que iba detrás blandiendo un baquetón, el que se quedaba le caía de tal forma que el baquetón se enrollaba en su pantorrilla, y encima como castigo tenía que subir a un cerro con una piedra sobre el hombro, tenía que gritar su nombre y decir "¡por lento estoy aquí!", encima tenía que bajar corriendo con la piedra al hombro, es decir era terrible, pero al final se acostumbró, claro que otros no soportaban decidían desertar o huían.Ojo en honor a la verdad nunca fue el último dice Marvin.

Ya en el campo para realizar los ejercicios de tiro, sobre todo de 1,500 metros de distancia, los blancos o "bules" o figuras que le correspondía por la distancia no podían distinguir o saber cuál era de cada uno, tan solo les daban 5 balas, si no alcanzaban el puntaje, el castigo era rampar de pecho con el fusil en los brazos, ay si se le ensuciaba o caía el fusil, el castigo era el doble, rampar 500 metros sobre un cerro con piedras.

Cuando, a su tendida, o grupo de tiro les tocaba hacer los disparos o tiros, todos nerviosos porque la mayoría eran castigados por no hacer el puntaje reglamentario, ojo que ningún tirador podía salir de la formación sin que el oficial le autorice, para ello tenían que levantar el brazo, para piña al fusil de Marvin se le había obturado la línea de mira el alzaba el brazo, el oficial no acudía, mientras tanto los demás ya estaban por el tiro número tres.Que hizo para evitar el castigo, se agacho, cogió un palito, limpio el orificio, puso en automático a su fusil, de un solo disparo salieron las 5 balas termino junto con los demás, para suerte hizo el puntaje necesario, pero nunca supo si en verdad dio en el blanco, u otro soldado también le dio en el suyo, así evito ser castigado.

Transcurrido el año del servicio militar, llegó el final para aquellos que cumplieron dos años y otros como el, un año, por tener secundaria completa, llegaron los nuevos reclutas, su promoción ya eran baja, ya habían entregado sus pertenencias, ya no tenían donde dormir, lo que hacían era, mandar reunión con todos los reclutas pedir dos últimos, es decir los dos últimos en llegar a la formación les quitaban sus colchones y frazadas, Julio y Marvin iban a dormir en los galpones, dentro de los camiones, se metían a la cocina y preparaban sus ceviche, los que se quedaban se quejaban ante el capitán Pacheco y él les decía "no se quejen, ellos ya sirvieron ahora ya se van".

CAPITULO XIV
LA BAJA

Faltando pocos días para que se fueran de baja por haber cumplido su servicio militar, para ello ya habían devuelto sus pertenecías.Su legajo estaba en otro cuartel, justamente a él, le hurtaron el capotin, y no podía nivelarse, tan solo le faltaba entregar el capotin, no se olviden que estaba terminantemente prohibido nivelarse con uno de la misma compañía, finalmente tuvo que hablar con "pachequin" es decir el capitán Pacheco este le dijo, "ya nivélate nomas con alguien de tu cuadra, total, tú ya te vas ya cumpliste". Así fue.

Otro día, caminaba dentro del cuartel como despidiéndose, se encuentra con el sub oficial Tello, el buscaba a alguien que le ayude hacer una mudanza, de un mayor que se cambiaba de casa, se iba del Rímac a Chorrillos para ello había solicitado apoyo al jefe del cuartel, el chofer del camioncito, justamente era el sub oficial Tello,   le pregunta "¿qué estás haciendo?" le respondo nada mi sub, ya soy baja, "¿quieres salir a la calle para que me ayudes hacer una mudanza?" le pregunta, le responde "claro mi sub", entonces busca a otro más, le dice, lo busca a Julio, ambos se subieron al camioncito se dirigieron a la casa del susodicho mayor, en el Rímac, cargaron las cosas y se dirigían a Chorrillos, Julio Y Marvin iban atrás, junto con las cosas del mayor, era la una de la tarde, hora de salida de los alumnos de los colegios, el camioncito subía por la avenida Próceres, Julio y Marvin iban silbando fastidiando a las chicas colegialas, cuando de pronto escucharon el claxon de un Volkswagen que tocaba insistentemente, era el comandante Villavicencio, jefe del cuartel.

Este se adelantó y detuvo al camioncito, Julio y Marvin se ocultaron entre las cosas, de pronto una mano lo alza de los cabellos, el comandante dice, "Marvin tenía que ser", les llamó la atención ordenó al sub oficial Tello para que los regrese al cuartel, le diga al oficial de guardia, teniente Gonzales, para que les ponga en el calabozo en una individual a los dos, pero, resulta que, al llegar al cuartel, el sub oficial Tello, cometió el error de no parar en la guardia, sino que ingresó hasta el patio, de eso se aprovecharon, pues se bajaron al vuelo del camioncito, cuando el sub oficial Tello, subió para supuestamente bajarlos, al abrir la puerta ya no los encontró.Era la 1 de la tarde, los dos palomillas como ya eran baja, e incluso sus legajos ya habían sido enviados a otro cuartel, en razón de que el BTQ 213, se trasladaba a Moquegua, ya no les podían sancionar legalmente.

Se escondieron en diferentes sitios, entre ellos, el baño, el sub oficial los buscaba por todos los sitios cuando entró al baño, quería abrir la puerta ellos cambiando el tono de su vos decían "¡ocupado"!, el sub, no insistía, cuando de repente ya era la hora del rancho (almuerzo), no podían salir de sus escondite, toda vez que el sub oficial, fiel a la orden recibida no descansaría hasta encontrarlos, el último escondite fue la azotea de la compañía de comandos, los dos sentados arrimados al costado del tanque para agua, cuando de pronto vieron asomar la gorra del sub.No hubo tiempo para lanzarse de la azotea finalmente los encontró, cansado de tanto caminar, pero al mismo tiempo no se doblegó, prefirió postergar la mudanza, pues en el camioncito estaban las cosas del mayor; los obligó a bajar los condujo de la oreja hasta la guardia, pero ya había dado parte al oficial de guardia, al llegar dijo "aquí están mi teniente, los encontré", el teniente González dijo "así es que ustedes son", los metió al calabozo, los puso a los dos juntos en una individual, ese día el calabozo estuvo lleno.

De pronto otro castigado dice Marvin, "saca tu dedo por ese hueco corre el cerrojo y abre la puerta", una vez afuera les abrió la puerta a todos los castigados se pusieron a jugar casino, mientras otro hacia guardia para avisar si el teniente escuchaba la bulla.En efecto, en un momento el teniente dice "¡que pasa allí adentro, carajo!, "los voy a sacar a todos para castigarlos" con esfuerzos físicos, pero cuando hacia la finta de entrar, el centinela daba la voz de alerta y todos se metían a sus calabozos como ratas al ver al gato, así se pasaron las 8 horas.

Eran las 9 de la noche, todos los castigados afuera para pasar lista, llamaron a todos, cada uno iban ingresando de nuevo a los calabozos, se quedaron de pie Julio y Marvin, el teniente Gonzales pregunta ¿ ustedes que hacen aquí?, en coro respondieron "¡no se mi teniente!", "muy bien hagan 300 planchas se van a su cuadra (dormitorio)", mientras el teniente sentado sobre su silla al frente de su escritorio leía un libro no los veía por la altura del escritorio, Julio y Marvin, en posesión de planchas, se pusieron de acuerdo, mientras uno descansaba echado de barriga en el piso, el otro hacia las planchas pero los dos contaban, uno, dos, tres…, luego se turnaban.Al final hicieron tan solo 150 planchas cada uno, se pusieron de pie, diciendo "orden cumplida mi teniente", este respondió "váyanse a dormir par de pendejos".

Desde que salió de baja, después de haber servido a su patria durante un año, el presidente Fujimori, derogó la Ley del Servicio Militar Obligatorio para hacerlo voluntario, y eso porque, en efecto, ya se había hecho costumbre que la policía detenía sin mandato judicial a todos los jóvenes los llevaba a los cuarteles, estos soldados cada fin de semana que salían a la calle armaban cada bronca o escándalo, les pegaban a los policías en venganza por haberlos levado, la policía militar los llevaba detenidos al cuartel, es que no podían ser detenidos por miembros de la Policía Nacional.

Dicen que, a partir del Servicio Militar Voluntario, los soldados hoy son tratados como "damitas", ya no les pueden tocar, es decir que, se imagina, debe de haber tal relajo, tal es así que los muchos o pocos que ingresan voluntariamente, al poco tiempo se desaniman se retiran, ¡así no es pues!, de razón que continúan los pandilleros.

No puede dejar de mencionar que estando en pleno servicio militar cuatro de ellos optaron por postular, algunos a la entonces PIP (Policía de Investigaciones del Perú), Guardia Republicana, y Guardia Civil, ninguno a la Escuela Militar de Chorrillos, por ello que el jefe del cuartel se molestó, pero ninguno ingresó.Al salir de baja, cada uno hizo su vida, Marvin ingreso a la universidad, estudio Administración de Empresas, posteriormente nuevamente ingreso a la universidad y estudio

Psicología, carrera que finalmente no le gusto luego de haber avanzado casi la mitad, entonces decide cambiarse a Derecho hoy ejerce su profesión de Abogado.

Muchos se preguntaran porque derecho, fue debido a que en la urbanización que vivía le eligieron presidente, como ya saben tuvo muchos problemas legales, entre denuncias y demandas, paso gran parte de su vida en las comisarías, fiscalías y poder judicial, allí fue aprendiendo el derecho, tal es así que llego a realizar sus propios informe orales sobre hechos ante las salas superiores y suprema, los amigos magistrados le decían "Marvin a ti tan solo te falta el título, estudia derecho".Redactaba sus propios escritos, entre recursos y apelaciones, elaboraba todo tipo de contratos, minutas, etc.

Es decir, aprendió el derecho en el terreno de los hechos, se compró su primer código penal, y civil, procedimientos penales, de aquella época.Cuando ya estudiaba en la facultad de derecho y ciencias políticas, muchos de los temas que tocaban los profes ya se lo sabía, tal es así que con fundamentos facticos discutía con ellos, los exámenes para el eran "papayita".

sus profesores que eran fiscales o jueces lo llevaban a sus despachos, no para coser expedientes, que es por donde se inician la mayoría de abogados, se iba para elaborar dictámenes o redactar sentencias, algunos de sus compañeros como siempre se sentían celosos, sobre todos los policías o ex policías que estudiaban la misma carrera, pero con una gran diferencia ellos tan solo asistían para los exámenes, muy pocos a clases, igual fue cuando estudiaba psicología, sin asistir a clases ya estaban con él, en el siguiente siclo, como dice la canción "y como lo hacen no lo sé", "cuál es el secreto no lo sé"?.(En realidad si lo sabía).Con excepción de los ex policías que si asistían.

Pasaron los años tan rápido porque logro convalidar algunos cursos que ya los había llevado en administración y psicología, al término de su carrera fue el primero en sustentar su examen para optar su título de abogado, lo hizo con la más alta nota, que a esa fecha había en la universidad aprobó, por unanimidad.

Se colegio en el ilustre colegio de abogados de Lima, al poco tiempo constituyo la ONG.Denominada "Instituto de capacitación y Desarrollo" ICADE, dedicada a la capacitación de profesionales de las diferentes especialidades, posteriormente lo dejo en manos de unos colegas que hoy lo administran.Se dedicó a litigar es decir a la defensa y al patrocinio, cuenta que en toda su trayectoria profesional no ha perdido ningún proceso, salvo uno o dos que fue por culpa del propio cliente.

CAPITULO XV
EL AMIGO

Estando ya de baja, es decir cuando ya estaba de civil, una buena tarde caminaba por la avenida Arequipa al pasar por la puerta del Comando Conjunto de las Fuerzas Armadas, ve parado en la puerta a su ex capitán de compañía, es decir al entonces capitán Luis L. quien estaba de oficial de guardia.Ni corto ni perezoso, se dirigió a una pollería, compro medio pollo a la brasa.Ingreso al Comando Conjunto de las Fuerzas Armadas, se hace anunciar por uno de los soldados de guardia, y dice "¡mi capitán, le busca el señor Marvin…!", del interior ordena que pase.Ya en el interior, el capitán le dice "¡hola flaco, como estas, que haces por aquí!", le contesta, "estaba pasando de casualidad por aquí mi capitán y lo vi, no quería irme sin saludarlo, aquí le traigo un pollito mi capitán, para su guardia.

El capitán le dice "¡gracias flaco!, pero siéntate, ¿qué estás haciendo?", le pregunta, "por ahora nada mi capitán, no hace mucho que salí de baja, estoy buscando trabajo", este capitán era tan sensible y humanitario que, sin más, le dice, "flaco vente mañana".

Al día siguiente, como buen soldado disciplinado, a las 8 de la mañana estuvo allí, pero sin siquiera imaginarse nada, llego, saludo a su capitán, y este le dice "toma esta dirección preséntate mañana, que ya tienes trabajo", en el papel decía "Av.Aviación Nº 912".Se trataba de una fábrica en donde fabricaban camas, somieres, colchones, etc.lo recibió uno de los gerentes sin entrevista alguna, directo lo llevaron a otra fábrica, una sucursal también en la misma cuadra.

Ya en el interior, le dijeron esta es tu oficina, nunca le dijeron cuáles serían sus funciones, el primer día fue tan largo y aburrido que las horas las sintió interminables.Al día siguiente le dieron las llaves para abrir la fábrica, comenzaban a ingresar los trabajadores a quienes no conocía, pero todos decían trabajar allí.

Cada uno ya sabía lo que tenían que hacer, unos cortaban ángulos (fierros para somier para camas), otros tubos redondos, otros soldaban otros pintaban, etc. era un lugar en donde se habilitaba material para abastecer a la otra fábrica, desde donde llamaban y solicitaban que les envíen o abastecían de materiales diversos.

Al segundo día salió de su oficina se puso a observar que hacía cada trabajador, y preguntaba para que servía lo que cada uno hacía, así se empapo, captando rápidamente cual era la actividad de cada uno, a partir del tercer día comenzó dando órdenes de trabajo distribuyendo actividades entre los trabajadores.

Los gerentes nunca se imaginaban como, tan solo sabían que nunca les faltaba material.Un buen día llegó el chatarrero para llevarse los desperdicios de fierros y tubos, etc. Marvin le dijo que, tan solo se lleve los materiales pequeños que no superen los 5 centímetros, el chatarrero responde "pero yo siempre me llevo todo", Marvin le responde "pero a partir de hoy no".

¿Qué hacían con los pedazos grandes? Los mandaba soldar con un refuerzo en el interior y los utilizaba como travesaño de los somieres, los más pequeños los utilizaban como embones (orejas para fijar los somieres).De igual forma los tubos los mandaba cortar en pedazos de 20 cm. Los partían para utilizarlos como embones de los camarotes, es decir le daba utilidad a todo, no desperdiciaba nada.

Un buen día se descompuso una prensa excéntrica, dio aviso a los gerentes de inmediato se presentó una persona para repararlo, como siempre Marvin, curioso el, se paró al lado del técnico o ingeniero observaba como lo hacía. En otra ocasión ocurrió lo mismo, pero ya no dio aviso, sino que el mismo lo reparo, ahorrándole dinero y tiempo a la fábrica y sus dueños.

De igual manera cuando un trabajador faltaba, la fábrica no podía hacer sentir esa ausencia, de inmediato el mismo suplía aquel trabajador, ya sea cortando tubos o fierros e incluso soldando.Allí aprendió a soldar tanto eléctrico como autógeno y a pintar con soplete.

Cuenta que su sueldo inicial fue el mínimo legal, pero como los gerentes veían su desempeño, le aumentaron no de trabajo, sino más bien de sueldo.

Cada fin de año al realizar el inventario los dueños veían que el material no disminuía considerablemente, se preguntaban por qué, no se imaginaban lo que él hacía.

Pasaron los años y volvieron a aumentarle el sueldo llegando a ganar en aquella época un sueldo muy considerable, de tal forma que con ese sueldo podía comprarse un terreno en el distrito de San Borja, cuando recién se urbanizaba, o en las Casuarinas, pero nunca se imaginó lo que posteriormente seria hoy San Borja, además que lo consideraba muy lejos, no lo hizo, después como se arrepintió, nos dice.

Después de haber trabajado algunos años en la fábrica, por razones personales tuvo que renunciar, tiempo que aprovecho para viajar a conocer su tierra natal.Durante ese lapso, es decir de su renuncia o ausencia, ya habían cambiado a más de dos administradores y tuvieron que solicitarle su reincorporación, lo hizo, pero con una mejora remunerativa.

Ya en el año de 1979, terminando sus estudios de administración un profesor en el aula pregunta "¿quién de ustedes sabe de panillas y administración de personal?", Marvin responde "yo profe", le dice "preséntate mañana a las 8 de la mañana al Instituto Peruano de Energía Nuclear", institución nueva para él pues nunca había escuchado, pero antes pregunta "¿el horario y sueldo?", recibe como respuesta que tan solo trabajaban de lunes a viernes de 07:45 a 16:45 horas, y el sueldo era casi el triple de lo que ganaba.

Ni corto ni perezoso, pidió permiso en su trabajo se dirigió al lugar.Para no creer, había tantas personas que desde las 08:00 de la mañana recién le entrevistaron a las 7 de la noche, en aquella época estaban en el gobierno los militares, casi todos salían de la entrevista frotándose las manos y decían ese puesto es mío, mi padrino es el general o el coronel fulano de tal, Marvin entre sí, decía, "y yo no tengo padrino, pero no importa", aun así, espero que le llamen.

Llegó la hora y al ingresar.Ve al frente a un señor colorado y sobre su escritorio decía "coronel EP (r).Julio R.Director Ejecutivo", y frente a él otras cinco personas de civil entre, ellos su profe.

Al instante se le cargaron las pilas y de inmediato se cuadra con la mano en la cien (costado de la frente) saluda como militar dice "¡buenas noches mi coronel ¡", éste le pregunta "¿usted es militar" ?, Marvin responde "no mi coronel, soy licenciado", "¿dónde serviste?", le dice el coronel "en el BTQ 213 Rímac mi coronel" respondió, el coronel dice "muy bien, siéntate".Se inició la entrevista con preguntas de todos los lados, a las que contesto correctamente porque sabía del tema conocía el puesto a cubrir.Terminada la entrevista, eran las 8 de la noche, se retiró.

Pasaron 15 días, ya casi se había olvidado, cuando llegó a su domicilio una carta en la que decía que había ganado el concurso y tenía que presentarse con sus documentos.

Tuvo que renunciar a su anterior centro de trabajo, después de haber reingresado, felizmente los gerentes le comprendieron lo felicitaron, diciéndole como dice el dicho "por mi mejoría hasta mi casa dejaría".Le cancelaron sus beneficios sociales se despidió, no sin antes ofrecerse para cualquier apoyo que requirieran de él.

Inicio sus actividades en su nuevo trabajo un 18 de junio de 1979, pero no fue un día de inicio feliz.Resulta que el jefe de personal estaba molesto e incómodo porque al parecer el puesto sería para un conocido de este.Ingresó a su oficina sin saludar y sin mirarlo.Durante los primeros 15 días fue igual, nunca lo presentó ante sus nuevos compañeros de oficina, ni mucho menos ante los demás trabajadores, como debe de ser, nunca le entregó el reglamento interno de trabajo, nunca le dijo estas son sus funciones, etc. por lo que Marvin se sentía muy incómodo.

Pero como Dios existe, él siempre está conmigo nos dice Marvin, al costado estaba otro trabajador, a quien lo habían puesto a disposición de personal, se acercó le dijo "que malo es esta pata", refiriéndose el jefe de personal, acto seguido este amigo dice, "aquí pagan los 20 de cada mes", Marvin había ingresado el día 18, las planillas aun no estaban, eso era parte de sus funciones.Nuevamente el amigo le dice "coge este modelo hazlo igualito", para entonces tan solo sabía que existía leyes del sector privado, no conocía la Ley 20530 (fondo de montepío y jubilación, dado por el gobierno militar, posteriormente abolido durante el gobierno de Fujimori), y había trabajadores que se les tenía que descontar por ese concepto, cada descuento tenía su casillero pero no estaba el de la 20530, y lo colocaban en un casillero en blanco.

Hizo las planillas y que creen, casi durante tres meses había reclamos por descuentos erróneos o por que los descuentos no estaban en el casillero correspondiente, pero aun así el jefe de personal que supuestamente los revisaba primero antes de pasarlo a tesorería, quizás lo hacía a propósito, gracias a Dios que eso lo supero, e hizo carrera, logro ocupar varios puestos, se hizo amigo de todos, ayudaba a todos, etc. finalmente ya después de algunos años el jefe de personal se hizo también su amigo.Supo que el jefe de personal comentaba con otros y decía "la verdad yo admiro a Marvin".

No obstante, que, los dueños de su anterior trabajo lo buscaban siempre para que los apoyara en la fábrica, Marvin asistía los sábados y domingos, incluso cogía turnos de noche.

A la llegada del gobierno de don Alberto Fujimori, se inició una campaña de hostilización contra los trabajadores, los sueldos cayeron, por lo que tuvo que renunciar para dedicarse a la actividad privada, al asesoramiento, a la defensa legal y a la política.Postulo a la alcaldía de Lima, de Los Olivos finalmente al Congreso, pero sin suerte.También prestó sus servicios como consultor.No puede olvidar de contarles que también tuvo la gran oportunidad, el privilegio y la gran suerte de pertenecer a la Hermandad del Señor de los Milagros de Lima, formando parte del directorio de los hermanos honorarios y benefactores, en donde se codeo con la crema y nata de alta sociedad a nivel nacional, cargo en sus hombros las sagradas andas del señor de los milagros, imagen al que muchísimos quisieran estar por lo menos a su lado.Todos los años en el mes de octubre eran quienes sacaban las andas, el primer sábado de dicho mes.Renuncio a esta institución por cosas muy personales.Cree y considera necesario decir por qué se alejó, pues a él siempre le ha gustado la sencillez, la humildad y la igualdad, jamás acepto la discriminación ni el abuso.

Cada año después de cargar las andas, juntaba pétalos de rosas en sus bolsillos para regalar a las personas que le pedían, que no podían acercarse a las andas, ese hecho incomodaba a algunos miembros del directorio y le decían que no lo haga, porque esas flores tan solo eran para ellos.

En otra ocasión estando dentro de la soga que protege las andas, vio a una anciana que la multitud la asfixiaban arrimándola contra la soga, por la presión de las demás personas devotas, dispuso que le hagan pasar por su seguridad, por eso también se molestaron la sacaron a la pobre anciana, fue ahí que dijo "me equivoque esto es para mí". Si alguna vez tienen la suerte de leer algún libro de la hermandad, podrán encontrar su nombre como miembro de dicha hermandad.

CAPITULO XVI
LA GUERRA CON CHILE

En el mes de junio de 1974, vivíamos en un gobierno de facto, es decir militar.El General de División EP Juan Velasco Alvarado, un 3 de octubre de 1968, tomó Palacio de Gobierno y derrocó a don Fernando Belaúnde Terry, lo deportó, es decir, lo expulsó del país, cerró el Congreso, etc.Varios años después, dicen que el General EP Francisco Morales Bermúdez, para impedir que el General Velasco le declare la guerra a Chile para recuperar Arica, se levantó en Tacna, derrocó a Velasco.

Es por ello que, justo cuando Marvin se iba de baja, su batallón fue trasladado a Moquegua, a él lo trasladaron al BTQ 211, a un cuartel en el mismo Rímac, pero mientras tanto, no podía salir, por eso de la posible guerra con Chile.Previo a ello habían efectuado todo tipo de entrenamientos, embarques y desembarques.El Perú estuvo muy bien preparado para declararle la guerra a Chile y seguro que recuperábamos Arica.

Permanecieron durante 15 días completamente equipados las 24 horas, a la espera de salir a pelear por el Perú, pero eso no ocurrió, Morales Bermúdez asumió la presidencia, hasta julio de 1980, convocó a una asamblea constituyente para elaborar una nueva carta magna, saliendo ganador el partido aprista peruano, asumió la presidencia don Víctor Raúl Haya de la Torre, luego el 28 de Julio de 1980, el pueblo peruano una vez más le dio otra oportunidad al arquitecto Belaúnde Terry, asume por segunda vez la presidencia de la república entre 1980 y 1985, concluyendo su periodo con una inflación que el Joven Alan García continúo y empeoro.Ya se vivía la época del terror.

CAPITULO XVII
ÉPOCA DEL TERROR

Durante su gestión como dirigente vecinal, vivió una etapa muy difícil, se había desatado un clima de terror conducido por un grupo de personas con ideologías de izquierda radical, seguramente hoy mucha gente, sobre todo los jóvenes, ni siquiera sabrán quien fue Abimael Guzmán Reynoso, fue sentenciado a cadena perpetua junto con sus integrantes, estando en prisión se hacia la víctima y pedía justicia ante los jueces que llevaron su causa, por haber participado como coautor de muchas muertes y destrucción, en agravio de todo el estado peruano, lo que incluye a todos los peruanos.

Este hombre, creo un movimiento denominado "Sendero Luminoso", con ideas Marxistas, leninistas, maoístas y Mariateguista; personajes conocidos por sus ideas izquierdistas, reclutó a jóvenes, hombres y mujeres, estudiantes y profesionales, quienes aspiraban llegar al poder a través de la violencia y el terror. Con excepción de Mariátegui que tan solo era un pensador sobre la realidad nacional mas no un extremista.

En los años 80 y 90, cuando salíamos de nuestras casas para ir a trabajar no sabíamos si llegaríamos vivos a nuestro centro de trabajo o de retorno a nuestras casas, todos los días esta gente equivocada dinamitaban torres de alta tensión y dejaban sin luz a todo Lima y otras ciudades del Perú, o de pronto uno iba dentro de un ómnibus y estallaba un coche bomba, o simplemente dinamitaban edificios como lo ocurrido en uno de los edificios en Miraflores en la calle Tarata, en donde murió mucha gente inocente.

Precisamente en aquella época Marvin se dedicaba a realizar diferentes trámites, ante diferentes instituciones del Estado para conseguir obras en beneficio de su pueblo, pero como en toda organización asociativa, siempre habrá personas con ideas discordantes y antojadizas.

En su caso, sus opositores no podían ganarle ni por la fuerza y sin razón, ya que siempre ha tenido mayoría y amplio respaldo de la población, pero de eso nunca se aprovechó, sino todo lo contario siempre ha sido sensato, sencillo y justo, es decir nunca se le subieron los humos a la cabeza, siempre tuvo los pies sobre la tierra, nunca se mareo con los cargos que ocupo, entonces frente a ello sus enemigos urdieron sus acostumbradas tretas propias del cobarde e incapaz, confeccionaban volantes diciendo que era un ladrón, un sinvergüenza, un traficante, etc. etc.Tan solo dejados llevar por el odio que le tenían, lo denunciaban en las diferentes fiscalías por delitos que él jamás cometió.Vivió entrampado en su defensa muchos años.Recibiendo a cambio mucha indiferencia, coacción y chantaje por parte de algunos malos policías y fiscales.

Es así que cuando habían dado inicio a la construcción de su segunda obra, de agua y desagüe, (una gran obra), luego de haber culminado con éxito la primera obra de alumbrado público y domiciliario, la inflación y desastre económico en el primer gobierno de don Alan García, era tan galopante que para muchos asociados fue imposible seguir pagando sus cuotas por dicha obra, Alan cambio la moneda, el sol paso a ser Inti, pero como la inflación continuaba, lo cambio a inti millón, imagínense que, en aquella época todos los días las cosas y productos subían de precio, la amas de casa iban al mercado con una cantidad y no les alcazaba, entonces Marvin y su junta directiva, decidieron en una sesión de consejo, paralizar la obra, para continuarlo con mano de obra tan solo de albañiles, por lo que designo un comité de selección y se convocó a concurso, se presentaron varios maestros albañiles, y ganó el que presentó la propuesta más bajo.

Hoy no recuerda el nombre de dicho maestro que ganó, y le dieron la obra.Al cabo de la primera semana el maestro con sus operarios cobró la primera valorización, fue un sábado que a las seis de la tarde este maestro se acercó a la casa de Marvin, lo invito a pasar se sentó frente a él en su sala, le pregunto a que se debía su visita le dijo, "señor Marvin he venido a agradecerle porque usted me hizo ganar la licitación", le respondió que no fue así, le dijo "usted ganó solo porque presentó el presupuesto más bajo, es más, yo no participe en el comité de selección", le responde, "señor Marvin recíbame este pequeño obsequio" le hace entrega de un sobre blanco aéreo, le pregunta qué es eso y le dice "ábralo", al abrir el sobre vio en su interior un fajo de dólares, le replicó al maestro diciéndole, "¿qué significa esto maestro?", le respondió "así trabajamos nosotros, le damos una comisión a la persona que nos hace ganar".A tal proposición le respondió "mire maestro, si usted quiere seguir trabajando con nosotros váyase de mi casa llévese su dinero y repártalo entre sus trabajadores, de lo contrario resolvemos el contrato". El maestro no insistió se retiró.

Al poco tiempo a la vuelta de su casa en la avenida Huandoy, en una pared amaneció pintada con tinta roja "Muera Marvin…" acompañado de la hoz y el martillo, el símbolo del terror que utilizaban los terroristas.Hecho que le indignó tanto por lo que convoco a una asamblea en la propia avenida, se enfrentó públicamente contra esos sediciosos, diciendo "aquí estoy no les tengo miedo, tengo mi conciencia tranquila, no le robe ni quite nada a nadie; no dicen que ustedes hacen justicia con sus propias manos, si han comprobado algo que afecte a alguien, ajustícienme ahora, pero no tienen por qué utilizar como símbolo del terror una hoz y un martillo que son herramientas de un agricultor y de un carpintero".

Terminada la asamblea todos se retiraron y ese mismo día fue un domingo, a las cuatro de la tarde le tocan el timbre de su casa, salió por la ventana del segundo piso y pregunto "¿quién es usted?", le responde "tú eres Marvin…", le responde "no", y el replica "si, tu eres, baja quiero conversar contigo no te va a pasar nada"; le responde "¿y qué me va a pasar pues?" Opto por bajar, ya en el primer piso, le pregunta nuevamente "¿quién eres?" Responde "soy de Sendero Luminoso".

su sorpresa fue tal que, de inmediato le respondió "¡con ustedes ni a la esquina, yo estoy de acuerdo con todo tipo de protestas y reclamos, pero no matar a gente y niños inocentes ni destruir propiedad pública ni privada!", le respondió "es que hoy te has enfrentado contra nosotros y sobre eso queremos conversar, nosotros no negociamos matamos de frente"."¿tienes bicicleta?" le preguntó, le dijo "si", "entonces te esperamos entre la calle tal y tal", no se acuerda los nombres de las calles, antes de retirarse le dijo, "pero no le digas nada a nadie ni la policía ni a tu esposa no te va a pasar nada".

Entonces se retiró. Marvin se quedó un poco paralizado, seguramente no me van a creer, nos dice, y dirán este está loco o está soñando, o que no es verdad.Cogió su máquina de escribir, redacto su testamento y allí escribió una relación de personas que eran sus enemigos le entrego a su esposa, ella se opuso, le rogó para que no asistiera, Marvin le dijo "no tengas miedo, estoy seguro que no son de Sendero, quizás son de otro grupo, algo querrán, mira te dejo este sobre, aquí está mi testamento (aun no era abogado) y una carta en la que figura los nombres de todos sus enemigos, no se lo entregues a la policía, lo entregas a la fiscalía", su esposa lloró lo abrazo. Hoy después de muchos años recién recapacita y admira a su esposa, ella en silencio sufría por todo lo que sus enemigos hacían y decían en su contra.Esto parece un cuento, pero es la purita verdad, nos dice, que ni sus mejores amigos de su junta directiva lo saben hoy recién lo cuenta.

Llego al lugar, allí estaba aquella persona, trató de confundirlo o perderlo finalmente llegaron a una esquina, en una cantina al ingresar, encontró nada menos que al maestro que pretendió sobornarlo en su propia casa.Le pregunto, "¿Cómo, usted maestro?", le respondió "sí señor Marvin…, nosotros somos de Sendero luminoso, nos infiltramos en su cooperativa para hacerle el seguimiento, en razón de que mucho hablaban de usted.Le seguimos a todos los sitio a los que usted iba, finalmente no le encontramos nada, la prueba fue aquella vez que yo le entregue el sobre en su casa, si usted me lo hubiera recibido ahorita estaría muerto".

Conversaron por espacio de tres horas, se tomaron dos cajas con cerveza, tenían el cerebro lavado se sentían seguros de lo que hacían, Marvin les decía, porque tenían que matar a niños y gente inocente uno de ellos le respondió "así es la guerra", en un ínterin le dijo "señor Marvin… usted tiene muchos enemigos, si usted quiere nosotros les damos vuelta" le respondió que no, "prefiero tener mis manos y mi consciencia limpia", nuevamente le dice "se acuerda que a uno de sus enemigos le robaron su camioneta, le echaron la culpa a usted, esa camioneta la robamos nosotros, la reventamos (dinamitaron) en la puerta del Ministerio del Interior".

Ya casi al término de la conversación le dicen "dentro de muy poco vamos a llegar al poder", Marvin les pregunta "¿cómo, si ustedes son minoría y civiles?", y le responde "eso cree, nosotros tenemos a nuestra gente infiltrados en todas las instituciones, por eso sabemos que come, o a donde va Fujimori, tal es así que llegaremos al poder a través de un golpe de estado", pregunto nuevamente "¿pero cómo, si ustedes son civiles?", le responde "el que lo va a dar es un general (...)", aquí prefiere no contar esa aparte, para evitar posibles represalias y no manchar a ninguna institución del estado ni a ninguna persona. Qué casualidad que a la semana de esa declaración develaron un golpe de estado contra Fujimori y detuvieron a un general, el resto se lo dejo a su imaginación. Quizás se trató de una mera coincidencia, una casualidad o un invento de aquellas personas.Pero lo cierto es que ellos se lo dijeron a Marvin, la pregunta es cómo lo sabían ellos, pero no dieron nombre del general.Poco después sucedió la captura de Abimael Guzmán.

En esa misma época también apareció otro grupo de terror denominado "MRTA" (Movimiento Revolucionario Túpac Amaru), cuyo líder también hoy purga condena de cadena perpetua.Fueron estos últimos que tomaron la embajada del Japón para exigir la liberación de su líder, (Víctor Polay Campos) que felizmente después de varios meses fueron desalojados con la consiguiente muerte de todos los subversivos.

Durante ese periodo, todos los peruanos luchábamos no solo contra la insoportable inflación, producto de un gobierno populista y proteccionista, sino que también luchábamos contra el terror, es decir todos nos jugábamos la vida, repito, mientras que el entonces presidente Alan García, cambió la moneda del sol de oro a intis y luego a intis millón.Marvin nos dice que él pudo solicitar asilo en algún país, como muchos lo hicieron, para proteger su vida, pero él prefirió quedarse para seguir luchando por su pueblo.

Muchos se acordarán que cuando iban al banco a cobrar sus sueldos girados en un cheque, recibían enormes cantidades de billetes, pero que estos duraban tan solo a lo mucho una semana o un mes, pues vivíamos una inflación galopante es decir los precios de los productos subían todos los días, se hacían enormes filas para comprar alimentos de primera necesidad, los ricos se hicieron más ricos con los famosos dólares MUC (Mercado Único de Cambio).

Alan García, pretendió estatizar la banca, es decir quitarles sus bancos a los banqueros, algunos se atrincheraron en sus oficinas, pero tuvieron que enfrentar y soportar el uso de la fuerza pública.Confisco los ahorros en dólares, todas las personas que después de haber ahorrado su platita lo convertían en dólares y lo tenían en los bancos, Alan se los quitó.Pero que a algunos que demostraban que era lo único que tenían, dispuso se les devuelva finalmente no pudo contra los banqueros.

Para tratar de aliviar la miseria y abaratar los panes creo el famoso "pan popular", que al pasar de los años desapareció, de igual manera creo la famosa leche ENCI.Entrego dinero a los agricultores como un préstamo, muchos de ellos lejos de invertirlo en sus chacras prefirieron comprarse autos o lo utilizaron en cualquier cosa menos en la agricultura, finalmente ese dinero se perdió porque les condonó su deuda.

Llegó luego el gobierno de don Alberto Fujimori, después de ganarle en segunda vuelta al famoso escritor don Mario Vargas Llosa, este perdió por haber hecho una campaña al parecer "sincera", mientras que "Fuji" no decía lo que realmente haría, por ello la gente le dio su confianza (1990), pero como los que tenemos alguna memoria, nos acordamos que la clase política tradicional enquistada en el congreso, no le permitían gobernar, mientras tanto continuaba el terrorismo, con más muertes y destrucción todos los días, hasta que un 5 de abril de 1992, Fujimori no aguanto más y.

Dio un autogolpe de Estado, cerró "temporalmente" el Congreso, pero eso de temporal se convirtió en incierto, intervino no solo el Congreso sino también el Poder Judicial y el Ministerio Público, destituyó a muchos jueces y fiscales, fue entonces que se constituyó un grupo de elite conformado por los "mejores" elementos policiales, denominado "GEIN", quienes luego de un minucioso y silencioso seguimiento lograron desbaratar a Sendero Luminoso y al MRTA.Fue un hecho histórico, con la captura de Abimael Guzmán Reynoso.Un 12 de setiembre de 1992.Finalmente falleció en su celda en el mes de septiembre de 2021, a los 86 años, sus restos fueron cremados y esparcidos en algún lugar que nadie lo supo ni lo sabremos. Para evitar que sus huestes lo visiten en su tumba.

Y a partir de entonces se pacificó el Perú, se estabilizó la moneda, con una nueva Constitución elaborada por una asamblea constituyente, que fue convocada por don Alberto Fujimori y estableció un nuevo modelo económico denominada el de libre mercado, pues el Estado ya no controlaría más los precios y productos ni participaría como accionista en empresas para estatales ni privadas.Crearon los jueces sin rostro para poder juzgar a los terroristas, en el fuero militar.Creo un nuevo sistema de administración de las carreteras (los peajes), con decirles que antes de 1990, llegar a Huacho o a cualquier otra parte del país era por una pista de doble vía, llena de huecos, con el peaje se construyeron la autopistas; se instalaron masivamente los teléfonos domiciliarios, los celulares, llegó el internet, etc. como dice el dicho "al final nadie sabe para quién trabaja", más pudo el odio de los políticos tradicionales por el cierre del Congreso y haberles puesto requisitos que para algunos era inalcanzable para reinscribir sus partidos políticos en el Jurado Nacional de Elecciones.

Les dijo "chacales" a los jueces.Fujimori, quizás tuvo su error más grande el de mantener como su asesor don Vladimiro Montesinos, lo que hizo Fujimori era imperdonable para algunos que se vieron seriamente afectados, pretendió quedarse en el poder por más años, y su Waterloo fue la famosa salita del SIN en donde despachaba Montesinos, y difundieron videos sobornando a algunos congresistas, para que respondan a los interese de ese gobierno.

Montesinos fugo del país, Fujimori hizo lo mismo, pero al final ambos fueron capturados.Hoy cumplen condena por supuestamente haber cometido graves delitos, no obstante, mucha gente lo recuerda por la cantidad de obras que hizo, pero es bueno también decir, para ser justo, que si bien hizo obras fue porque vendió todo el patrimonio del país.Pero también puso orden y es por ello que, para mí, dice Marvin purga pena de cárcel de manera injusta e inhumana.

A la renuncia de don Alberto Fujimori, el Congreso impuso como presidente interino a don Valentín Paniagua, quien luego convocó a nuevas elecciones para restablecer la democracia, hay que resaltar este gesto de don Valentín, puesto que el no pretendió quedarse para completar el periodo presidencial, sino todo lo contrario; más bien a partir de allí ya todos conocen lo que ocurrió, con Alejandro Toledo, Ollanta Humala y nuevamente Alan García, PPK.Pobre Perú, ha tenido y tiene tan mala suerte de contar con presidentes que ninguno dio la talla.

Por eso permítanme decir, que en gran parte la culpa la tienen los electores que eligen a personas que solamente nos utilizan cada cinco años y llegados al poder se olvidan de sus promesas y del pueblo.Por ello me permito recomendar que para ser presidente de la República no solo tienen que tener una intachable trayectoria moral, tener no menos de 65 años de edad, con una familia consolidada, para que no tengan la preocupación de amasar fortuna y proteger hasta su última generación, sino que, además, deben de tener tres elementos básicos: cerebro para pensar y tomar muy buenas decisiones, corazón para sentir lo que siente su pueblo y cojones para poner orden.

No nos olvidemos que el presidente de la república es el administrador de los recursos del estado peruano, como tal tiene que tener conocimiento de los tres principios básicos de la administración, como son: dirección, supervisión y control.

CAPITULO XVIII
LA PREGUNTA DEL MILLÓN

¿Cuáles creen Uds.que fueron las causas del terrorismo? Los que tenemos memoria desde nuestra niñez, (1960 en adelante), y los que vivimos en algún pueblito alejado de la capital, nos retrotraemos a esas épocas y recordamos que un mal policía, un mal juez, un mal alcalde o cualquier otra autoridad civil o militar, se creían y sentían dioses, por tanto pasaban por encima de los derechos de las demás personas.

Estos utilizando abusivamente el poder que tenían y tienen, maltrataban a los pobres campesinos, les pegaban en la vía pública delante de sus familiares y los niños, los cogían a patadas, a correazos y a lapos, más aun estando en estado de ebriedad, por tan solo demostrar que ellos tenían el poder.O por encargo de los grandes adinerados para cobrarle una deuda.Les arrebataban sus pertenecías, sus cosechas, etc.

Los jóvenes hijos de los terratenientes adinerados abusaban de las mujeres, muchas veces violándolas, y tan solo para no purgar condena pagaban el famoso "honor sexual".Almacenando odio y rencor en esa población, por la impotencia de no poder defenderse, pues no tenían a quien recurrir, puesto que eran las propias autoridades quienes los maltrataban, humillaban y permitían tales abusos.

Como reza el dicho "no hay mal que dure cien años ni cuerpo que lo resista", esos niños y jóvenes que vieron y vivieron en carne propia aquellos atropellos y abusos, crecieron con odio y fueron rápidamente captados por los miembros de sendero luminoso y el MRTA.Para hacer justicia con sus propias manos.Y eso es lo que algunas malas autoridades no quieren reconocer, terminado el terrorismo, se pacifico el país, nuevamente algunas malas autoridades están volviendo a lo mismo.Policías que salen a las calles a extorsionar a los conductores, Es decir nuevamente nos sentimos inseguros, no podemos confiar en las malas autoridades, pregunto que estará pasando en los pueblitos alejados de las capitales.

Abusan de los humildes en todas las instituciones públicas, desde las mesas de partes, la sunat, sunafil, etc.estas dos instituciones persiguen al pequeño bodeguero, al ferretero o dueño de un hotel, porque ellos no tiene abogados para que los defiendan, y no persiguen a los grandes millonarios que deben millones de impuestos, porque ellos si tienen grandes estudios de abogados para utilizar argucias legales y entrampar los pagos; los bancos, las empresas administradoras del servicio de agua y luz, Teléfonos, nuevamente los malos policías, jueces y fiscales, abusivos malcriados, mal educados, prepotentes, los médicos, enfermeras, técnicos de salud, nos citan a las consultas médicas a las 06.0 de la mañana y recién nos atienden a partir de las 09.0.

Mientras tanto ancianos, niños y embarazadas de pie en los pasadizos, encima les gritan y maltratan, algunos médicos incluso se niegan atender después de haber según ellos atendido un número de pacientes, así lo vean al paciente retorcerse de dolor dicen "yo ya he atendido mi cuota de pacientes, te dicen que saque cita para mañana".etc, etc.Esta es nuestra triste realidad y nadie hace nada por cambiar el sistema.Claro está que pongo a salvo la actitud de los pocos médicos y personal de salud que si son muy buenos no solo atendiendo sino tratando a los pacientes.Después no nos lamentemos cuando surge otra persona o grupo para hacer valer su derecho con sus propias manos o aplicando su propio sistema, como el que vivimos con los grupos sediciosos, en los años 80 y 90.

La mejor demostración de lo que digo es que, en las elecciones presidenciales del 2021, quedo demostrado en las ánforas que en el Perú existe más del 50% de peruanos decepcionados de sus autoridades, lo que capitalizo el candidato Pedro Castillo, logrando pasar a segunda vuelta con Keiko Fujimori.Y para pretender allanar el camino de la representante de la derecha, estigmatizaron a castillo como terrorista y comunista.Sin querer reconocer que nuevamente regresamos a los años 60, en donde reinaba el abuso de poder.Los policías de tránsito te buscan la sin razón para amenazar con imponer una papeleta injustificadamente para pedir dinero (coima), en las comisarías, en los operativos (yo le llamo los pericotivos), que realizan tan solo para amenazar a los conductores y sacarles dinero, al policía no le interesa el problema de los demás, es decir no se compra el pleito, son indiferentes, pero si les ofrecen dinero no hay quien los pare, ídem en los municipios los gobiernos regionales.Que desgracia, es una lástima.

Creo que lo único que hizo Castillo es hacer suyo el clamor popular, es decir exigen justicia, más igualdad, no más abusos, mejor trato, mejores sueldos, mejor pensión, más empleos, etc. que el gobierno llegue a los más pobres.Pero ni él puede hasta ahora, todo sigue igual.

CAPITULO XIX
SUS ANÉCDOTAS POLÍTICAS Y PROFESIONAL

A sus 24 años, ya había concluido sus estudios de administración de empresas, conoció a la mujer de su vida con quien contrajo matrimonio. Ya estando casado, como dice el dicho "el casado casa quiere", como siempre fue independiente no podía vivir arrimado con los suegros, los padres o hermanos, así que opto por comprarse un lote de terreno.

Lo hizo en el distrito de San Martin de Porres, distrito que años después se dividió al crease los Olivos. Este hecho le costó muchos años de sacrificio. Resulta que fue estafado, lo que motivó que salgan a relucir sus dormidas cualidades de líder nato, recordando sus épocas de estudiante cuando defendía a sus compañeros de aula, tanto en la primaria, secundaria y superior.

Aquí hago un paréntesis para contar algunas anécdotas de Marvin. En su casa de San Miguel del río Mayo, vivía un niñito de su edad, sucede que los padres de este niño eran muy pobres y vivían en la chacra, tan solo salían al pueblo los fines de mes mientras tanto este niño permanecía en casa de Marvin, por lo que todos los días iban juntos a la escuela. En una ocasión otros compañeros del salón empezaron a molestar al niño, lo que hoy se le conoce como bullying, advirtió aquello, le dijo al profesor, pero este no le dio importancia, como desde niño ya tenía sus dotes de defensor, cogió su lápiz con punta se lo clavo en la cabeza del niño que molestaba a su amigo, a la salida ni que se diga, patitas "paque te quiero", emprendió la carrera hasta llegar a su casa. Por supuesto que los demás corrían detrás, no para felicitarlo ni hacer competencia de carrera, sino para pegarle.

No podía dormir ni salir de su casa, solo escuchaba los comentarios de que los padres del niño hablarían con su madre, él le tenía un pánico a ella. Para ella no existía el dialogo todo era golpe y con lo que encontraba, y no le importaba en que parte del cuerpo le caía los golpes, era muy estricta, También decían que el niño se moriría por una infección, pero que finalmente pasaron las semanas no ocurrió nada, vaya susto que paso.

En otra ocasión, ya estando en la superior, uno de sus profesores del curso más difícil, al inicio de la clase nunca puso sus reglas de cómo se desarrollaría sus clases, ya estando a la mitad del ciclo, dos señoritas llegaron tarde a su clase, ellas le saludaron e ingresaron, esperó que se sentaran, de pronto dejó de hacer sus clases las gritó a las alumnas, diciendo, "fuera del salón", como ellas no salían el profesor insistió, decía ¡he dicho fueraaaa!, frente a la actitud iracunda y malcriada del profesor, Marvin se puso de pie y dijo "no salgan, "señor delegado que pasó, porque usted no defiende a las compañeras", el profesor molesto le dice "¿usted porque se mete?", le responde "es que usted no sabe cuáles son las razones por que llegaron tarde no solo eso, usted nunca dijo cuáles eran sus reglas para el dictado de sus clases, además no es la forma de tratar a las personas, más aún si se trata de dos damas señor", pero el profesor insistió las obligó a salir a las dos chicas, ambas por supuesto muy avergonzadas salieron del aula.

Marvin se quedó picón.La próxima clase intencionalmente llego tarde, la puerta del salón estaba cerrada, toco para ingresar y como no lo invitaban a pasar, el ingreso, saludo al "profe", este como siempre espero que se siente en su carpeta, al rato gritó diciendo "¡fuera, fuera de mi clase!".

Marvin hiso caso omiso, no salió se hiso el desentendido, pero el profe insistía con sus gritos, Marvin se puso de pie le dijo al "profe" "¿disculpe, se refiere a mí?", el "profe" dice "¡sí, es a usted!" Le respondió, "disculpe pues no voy a salir", de pronto un coro de voces de los alumnos del salón decía "sal, sal, sal". Les respondió "¡sarta de cobardes!", pero antes le dijo al profesor "está bien voy a salir, pero le espero a fuera al término de su clase".

Marvin se paseaba de punta a punta por el pasadizo, cuando de pronto ve que el profe sale del salón, corrió, lo cogió de la solapa del saco al profe diciéndole, "¡mira concha de tu madre eres machito en el salón y abusas de tus alumnos, pero conmigo te equivocaste, a partir de hoy todos podemos llegar a la hora que queramos, ya no estamos en la secundaria, si venimos a veces tarde es porque todos trabajamos, otra, cosa espero que por esto no te escudes en tu registro de notas!", para ello, ya era licenciado del ejército, joven vehemente e impetuoso.

El "profe" la verdad temblaba, los demás alumnos solo miraban, el "profe" respondió "no alumno no se preocupe si usted rinde en mi clase tendrá la nota que se merece", le respondió "¡eso espero!" replico Marvin, por supuesto que en la siguiente clase exigió se cambie al delegado del aula por no saber defender a sus compañeros.

Acto seguido el profe como una especie de venganza, quizás, o no, llegó al salón y dijo "muchachos la próxima clase tomare el primer examen parcial, será el día sábado, tan solo traerán lápiz, borrador y una hoja de papel".Llego el sábado, todos a fuera del salón, llega el "profe" dice "voy a llamar van pasando, tomaré el examen en dos grupos, se sentarán separados dejando una carpeta o silla individual, en la hoja que trajeron efectuaran sus cálculos me lo entregan junto con la prueba, ah nada de calculadoras".

Terminado el examen, ya afuera del salón todos se preguntaban entre ellos, cuál era la respuesta de las preguntas, a la mayoría le coincidía las repuestas y a Marvin "Nancy", (nada pues).Preocupado se fue a casa decía ya fui, no me queda otra que estudiar más, para el próximo examen y con el trabajo apruebo el curso decía.Llegó el gran día, todos nerviosos, hace su ingreso el "profe" comienza diciendo, "¡bien alumnos voy a dar lectura de sus notas!".José, 10, María 08, Antonio 11, Luis 07, etc. es decir casi todos de los que supuestamente les coincidía sus respuestas estaban jalados, Marvin decía, si ellos tienen esas notas mis respuestas son diferentes, estoy frito, cuando de pronto grita el profe "¡Marvin… 17, bieeen hombreeee!", *expreso el "profe", Marvin respiro profundo y dentro de* él *dijo "ufff, me salve".*

Volviendo al tema de la estafa de los terrenos, una empresa inmobiliaria dedicada al corretaje, vendió terrenos que no eran de su propiedad, es decir estafo a más de 1500 compradores, entre ellos Marvin, aquí también logro unir a los más de 1,500 estafados, y los constituyó en una asociación de vivienda en el año de

1985, a partir de allí se inició una nueva etapa en su vida, habiendo sido elegido como presidente, dedico su tiempo por largos 10 años, logrando expulsar al estafador y reivindicar a sus asociados sus lotes de terreno que ya prácticamente lo habían perdido.

Fue una labor muy ardua, vivía prácticamente en las Municipalidades tanto de Lima, como de San Martin de Porres, como también en las comisarías y fiscalía, por las múltiples denuncias penales que le hacían por supuestos delitos, ejecuto muchas obras, entre ellas alumbrado público y domiciliario, agua y desagüe, pistas, veredas, la construcción de tres colegios, inicial primaria y secundaria, así como losas deportivas.

Pero todo esto no fue nada fácil, tuvo que lidiar con malas autoridades entre alcaldes, congresistas, policías, jueces y fiscales, por el solo hecho de defender su derecho y el de sus asociados, logro tener un récord de más de 20 denuncias penales y unos tantos civiles, por diferentes supuestos delitos que nunca los cometió.

Tan solo lo hacían para vengarse de él, por cuanto había descubierto una gran mafia de tráfico de terrenos, lo entretuvieron por más de 10 años desfilando por las comisarias, fiscalías, prefectura de lima y juzgados, sin haber cometido ningún delito, es que para los malos fiscales y policías todo es delito, por eso decía, y dice, lamentablemente las fiscalías tan solo son mesa de partes, reciben denuncias sin pruebas lo tramitan para después de varios años archivarlas, en muchos casos formulan sus acusaciones ante el juez sin mayores elementos de convicción ni pruebas.

Hasta que un gran día, entre tantas, un viernes, fue notificado para que se apersone a la Prefectura de Lima, a efectos de rendir su declaración en una de las tantas denuncias, se apersono en compañía de su abogado, llevándose la sorpresa más grande y desagradable de su vida, en realidad no fue para que declarara sino más bien, para que lo detengan, pues pesaba en su contra una orden de captura.

Nunca supo nada, nunca le notificaron que tenía una denuncia ante la 27° Fiscalía Penal de Lima, su abogado rogaba al policía para que lo dejara ir, Marvin se armó de valor le dijo a su abogado que no ruegue, lo encerraron en una oficina de triplay, allí comenzó a patear la puerta y a gritar, diciendo "ustedes deben saber dentro de su ignorancia que tengo derecho a una llamada telefónica", pero no sin antes preguntar quién era el oficial a cargo obteniendo como respuesta que era un comandante, así que solicito la presencia de dicho oficial.

Ya frente a frente con el comandante, este le dijo "si quieres irte libre, abandona a esa gente, en este momento hago archivar la denuncia", como si del dependiera, Marvin le respondió que no podía ni debía hacer eso, pues todas esas personas que lo eligieron confiaban en él, y no los iba a defraudar, por lo que el policía ordenó que lo conduzcan a la azotea de la Prefectura a Seguridad del Estado, allí lo encerraron.

Pero antes, a tanta insistencia le permitieron hablar por teléfono, hiso las llamadas telefónicas, en ese instante se comunicó con el presidente del Instituto Peruano de Energía Nuclear IPEN, el general EP Juan Barreda Delgado, también llamo al senador Dr.Ramiro Priale con quienes era amigos.

Ya estando en la azotea de Seguridad del Estado, en la avenida España, pero no supo que alguno de sus amigos de su Junta Directiva y su hermano que era policía, se apersonaron a la Prefectura para preguntar por él, les dieron como respuesta que no se encontraba allí. Estábamos en plena época de terrorismo, tan solo la policía te desaparecía y nadie sabía nada de las personas que ellos capturaban, y que lo consideraban un estorbo, eso pretendieron hacer con Marvin, antes de ir al calabozo, el policía a cargo le dijo "¡quítate todo!" (Correa, pasadores, dinero, joyas, etc.), el policía anotaba en un cuaderno, pero lo que no anotó fue su cadena de plata   se la puso en el bolsillo de la camisa, diciendo "que bonito acerito".

Marvin metió su mano en el bolsillo del mal policía, diciéndole "no es acerito, es plata 925 ¡lo anota usted!", le dijo que se lo tenía que devolver cuando salga, el mal policía lo miró fijamente con ira, diciendo "aaah, eres machito, valiente eres", Marvin puso sus manos atrás, se inclinó y le dijo "mire señor, yo no he cometido ningún delito, si fuera cierto pues agacharía la cabeza, no obstante haga usted lo que está acostumbrado a hacer, golpéeme, tortúreme, ah, pero luego no se arrepienta, si le digo esto es porque sé que terreno estoy pisando".

El policía no atinó hacer nada, al poco rato llegaron un mayor del ejército acompañado de un abogado por parte del Gral. Barreda y tres abogados de la Cámara de Senadores enviados por el Dr.Priale.El policía tuvo que sacarlo del calabozo, diciendo "como odio a los envarados".

Marvin escucho que, la orden del Senador era que no lo tocaran ni menos que lo maltrataran y que no podía dormir entre los demás detenidos, esa noche durmió sentado en la guardia del calabozo.

Al día siguiente, lo condujeron a la 27° Fiscalía, pero gracias a Dios tenía amigos en diferentes sitios e instituciones.Estando ya en el despacho del fiscal, a través de los miembros de su Junta Directiva, hiso saber a sus amigos que se encontraba detenido en la fiscalía, al cabo de un rato llegaron e ingresaron al despacho del fiscal, todos le decían "¿pero si tú no has cometido ningún delito, que paso?" Se demoraron una hora, cuando vio que el fiscal abrió su puerta y le ordenó a su adjunto que le tomaran sus generales de ley y que se vaya a su casa.

Agradeció a sus amigos, salió de la fiscalía y se dirigió al Congreso   solicito hablar con el Senador Doctor.Ramiro Priale, este, aun estando en plena sesión salió, lo recibió en su despacho, el Doctor.Priale tenía una forma muy peculiar de escuchar a las personas que acudían ante él, se sentaba junto a la esquina de la mesa hacia descansar su mentón sobre la palma de su mano con el codo sobre la mesa y miraba y escuchaba con atención, él no se distraía.

Marvin le conto todo lo ocurrido, y el senador ordenó a uno de sus asesores que lo contactara con el General Jefe de la DIRCOTE.Le dijo "en estos momentos lo va a visitar el señor Marvin…, recíbalo por favor", le dijo, "vaya usted me trae el resultado", se retiró en el acto, siendo las 17:00 horas se dirigió a la Prefectura de Lima, ya el general le estaba esperándolo, subió a su despacho y el general le pidió que le contara lo ocurrido, le conto todo; de inmediato este general ordenó que se constituyeran a su despacho los dos comandantes involucrados, pero tan solo se presentó el sub oficial que lo detuvo, excusando a los dos oficiales.

Este sub oficial le dijo al general que en ese caso se habían equivocado, pero en realidad no fue así, lo que realmente hicieron fue cobrar un buen dinero al verdadero estafador que vendió los terrenos, sin ser propietario y que Marvin lo descubrió, consiguieron tres testigos para que declararan en su contra, testigos que nunca los había conocido, lo peor, nunca le citaron para hacer su descargo.

Así trabajan muchos malos policías, encarcelan a inocentes y cuando el fiscal es inexperto comete el mismo "error", sin investigar a conciencia, formulan su acusación ante el juez. Finalmente, el mismo general le pidió disculpas, Marvin se retiró.No sin antes decirle, "general usted sabe que yo puedo solicitar la baja de estos malos policías, pero no lo voy hacer porque estoy seguro tienen una madre, una esposa e hijos, cosa que ellos no pensaron de mí, pero si, le pido que los retire de la Prefectura, para evitar que continúen haciendo daño a más personas inocentes".

Luego de varios meses, después de haberse llevado a cabo la reconstrucción de los supuestos hechos, el juez emitió su sentencia absolviéndolo de los cargos del fiscal, se archivó la denuncia instaurada amañadamente en complicidad con esos malos policías.Por ello ya entenderán por qué les perdió el respeto, la estima y la consideración a los policías, a partir de allí los odia, tal es así que, en la época de Sendero, cuando los terroristas asesinaban a un policía, él decía un delincuente uniformado menos.Solo aquella persona que nunca ha tenido un problema con los policías, podrá sentir afecto por ellos, salvando por supuesto aquellos poquísimos buenos, que si existen.

Y dice esto porque fue víctima del abuso y atropello que cometen estos malos policías.En otra ocasión el propio coronel jefe de la Prefectura lo sito, para que supuestamente rindiera su manifestación en otra denuncia, se apersono a eso de las 5 de la tarde, el coronel sabía que asistiría, pues Marvin siempre se caracterizó por ser puntual.El coronel ya le estaba esperando al final de las escaleras de subida al segundo piso de la Prefectura, con los brazos abiertos y dice "mi hermano, sabía que vendrías, pero pasa, siéntate", le dice.

Ya en el despacho de este coronel, toca 5 timbres, al momento hacen su aparición 5 tenientes coroneles o comandantes, saludan al coronel, diciéndole "jefe buenas tardes", acto seguido el coronel les pregunta, "cuánto han hecho en la mañana, y traigan mi parte", es por ello que a toda persona que era citada a la Prefectura le sacaban dinero, sea inocente o culpable, para hacer la bolsita, tanto para ellos mismo como para el coronel, esto ocurría todos los días, no solo en la prefectura de lima sino en todas las comisarias a nivel nacional.Terminada su reunión, Marvin le pregunto al coronel para que le habían citado, obteniendo como respuesta, que no tenía ninguna denuncia, que solo le habían citado para que le pida dinero.

Y cuál era o es su estrategia para sacar dinero: te conversan diciendo "mira compadre, la otra parte te echa cualquier cantidad de barro, dice que eres ladrón, traficante y tiene pruebas… pero ya sabes hay forma de sacarte de esto, así que tú dirás pues", es decir te arriman contra la pared y si no tienes experiencia o tu abogado no es bueno, te chantajean para que de todas maneras sacarte dinero, te dicen también "pucha, tengo que pagar el colegio de mis hijos, se venció el recibo de mi luz…", si la víctima no conoce esa táctica, le decían "entonces haremos un atestado", pero si le das lo que te piden te hacían un parte (antes de la vigencia del código procesal penal, los policías terminado las investigaciones realizaban un atestado en la que concluían que eras responsables y parte manifestando lo contrario y solicitaban el archivamiento).

Pero cuando ya había confianza de frente te decían "mira compadre, el casito te va a costar tanto y hacemos un parte para que el fiscal lo archive".Así es como actuaban y actúan los malos policías, hoy con el código procesal penal ya no pueden hacerlo de manera descarada, pero aun así algunos lo siguen haciendo.

En muchos casos los pocos buenos policías, quisieran renunciar, pero por conservar su trabajo, se ven obligados por sus jefes a delinquir, no solo extorsionando a los detenidos o a los que concurren a las comisarias, sino saliendo a las calles a parar a los choferes para buscarles la sinrazón con la amenaza de ponerles papeletas o llevarlos al depósito, o arman supuestos operativos sin comunicar al fiscal, con el único propósito de sacarles dinero.Muchos se preguntan cómo es que un policía con el sueldo que gana puede tener autos, dos mujeres y casas, de donde, pues ahora ya lo saben.

Como se puede ver hoy, la mayoría tiene "rabo de paja" y no tienen la suficiente calidad moral para sancionar, ni menos llamar la atención a sus subalternos, puesto que es una cadena. Ojo que la policía esta tan mal acostumbrada que ninguna autoridad quiere aceptar o poner su atención, son expertos mintiendo e inventando falsos cargos cuando la persona les resulta incómodo, o no cae en sus insinuaciones, y la justicia es tan "ciega" que le creen al policía y no al inocente, es como cuando una mujer quiere hacer daño a alguien tan solo miente y el juez le va a creer a ella.Lo peor que entre ellos se encubren y protegen, sus jefes dicen yo defiendo y protejo a mis subalternos, claro si él también está comprometido, porque el mismo los envía y luego recibe su parte.

Marvin dice que, lamenta sinceramente tener que decirlo en este testimonio personal, que hasta antes de dedicarse a defender a su pueblo (aun no era abogado), creía ingenuamente en los Policías, en los fiscales y jueces, no se imaginaba siquiera en la corrupción que existía, y existe, en las entrañas de éstas instituciones, lo único que lograron es que, ahora que ya conoce al monstruo por dentro, ya no confía en nada, ni menos cree en la moral de sus integrantes (malos policías, malos fiscales y malos jueces), que hasta llegaban a citarlo sin razón alguna, tan sólo para sacarle dinero (pura extorsión y chantaje).

Mientras que la prensa les revienta "cuetes" sin saber la verdad, ni la clase de personas que son, es por ello que hasta ahora continúa combatiendo a los malos policías, dice, "algún día moriré a manos de un mal policía o por encargo, pues no me callaré, y seguiré gritando hasta que alguien me escuche".Dice.

Llegó un momento en que, ya ni siquiera quería pasar por la puerta de una comisaría ni cruzarse con un policía; en las noches se ponía a pensar ¿por qué? ¿Qué cosa había hecho para merecer semejante maltrato por parte de nuestras autoridades?, sobre todo de la entonces PIP (Policía de Investigaciones del Perú) y de la ex Guardia Civil.

Se preguntaba además ¿no será que por eso existió el terrorismo? la impotencia de la gente que no tiene acceso a la justicia, ¿no era acaso un caldo de cultivo para que continué la violencia?, e incluso llego a dudar cuando la policía ofrecía una conferencia de prensa, con toda la publicidad del caso en torno a la captura de un "terrorista", o de cualquier otro supuesto delincuente.(En boca del mentiroso lo cierto se hace dudoso).

Esta duda se basa en la experiencia siguiente: un día concurrió a la Policía Técnica, ex-PIP, de la avenida Perú, en el momento que habían detenido a un presunto falsificador de billetes, para presentarlo habían convocado a una conferencia de prensa, antes de que lleguen los periodistas, los policías colocaban de todo en una mesa (se trataba como dice de un presunto falsificador) entre los mismos policías se prestaban sus propias armas de fuego, para ponerlas sobre la mesa para decir luego que también le habían encontrado armas, en su interior Marvin reventaba de indignación e impotencia, sabía desde ese momento que él tampoco podía escapar de cualquier intimidación o chantaje como ese.

Es bueno que sepan que, las bolsas con droga (marihuana o Cannabis Santiva y pequeños envoltorios de PBC, o armas), que supuestamente lo encontraban en sus operativos, es totalmente falso, los propios policías los colocan o siembran, con el único propósito de poder detenerlos 15 días, para así poder arreglar con sus víctimas o hundirlos, sino aceptan sus requerimientos.Pregunto, por qué ocurre eso si los propios fiscales saben, tal es así que en el informe pericial dice "faltó muestra para elaborar los análisis" y el juez, en ese extremo, los absuelve.Volvemos a preguntarnos, por qué casi todos los jueces consienten y permiten eso.Felizmente no son todos, pero esos pocos hacen mucho daño no solo a sus colegas, sino a sus instituciones.

Incluso en las noticias, todos escuchamos o leemos con estupor como un coronel de la policía, llamaba la atención a su personal, por el hecho de que los detenidos fueron liberados por el fiscal, por falta de pruebas y decía "porque no les sembraron drogas", como lo ocurrido con los detenidos comuneros de la comunidad campesina de Aucallama que más adelante lo leerán.Según los policías les habían encontrado droga y armas enterrada en la arena, que casualidad, ¿es que acaso los policías son brujos para saber exactamente en donde cavar para encontrar la supuesta droga y armas?.

Lo mismo ocurrió, en una ocasión en la comisaria de Salaverry de Huacho, habían detenido a un llenador de colectivos de manera injusta, la población reacciono en contra de dos policías que lo intervinieron, les tiraron de todo, (comentario periodístico).Justo aquel domingo Marvin se encontraba en el interior de dicha comisaria, llegaron los policías conduciendo al detenido, con sus propios ojos vio a los dos policías bien vestidos, pero antes de que llegue el fiscal entre ellos se rompían las camisas para sorprenderlo y le dijeron mire doctor nos atacó nos rompió nuestras camisas, con esta actitud le malograron la vida a un inocente y el fiscal inexperto les creyó.Marvin reclamo y el comandante de dicha comisaría como siempre grosero grito delante del fiscal diciendo, "yo defiendo a mis policías y no acepto ninguna duda sobre ellos".Como ven entre ellos se protegen.

En el año 1980, cuando Marvin laboraba en una institución pública, antes de dirigirse a su centro de labores en su vehículo se dirigió a recoger las planillas y cheques para pagar el sueldo a los trabajadores, pero a su auto ese día se le vencía la revisión técnica, precisamente luego de cobrar su sueldo lo llevaría para que pasara dicha revisión, pero ocurre que en el ovalo de la Av.Aviación con Arriola, escondido estaba un policía de tránsito eran las 7.0 am lo intervino, luego de tener los documentos en sus manos, le dice a Marvin, "nos iremos al depósito", Marvin le dice porque, el policía responde "se te venció la revisión técnica".

Nuevamente Marvin replica recién hoy se me vence, y precisamente hoy cobro mi sueldo y lo llevo, mire allí están las planillas y cheques, el policía le dice "si no quieres que te lleve al depósito dame 20 soles", Marvin responde que no tenía esa cantidad, pero en todo caso que le acompañe a dejar las planillas y cheques a su centro de labores para luego ir al depósito, el policía pregunta donde trabajas, Marvin responde a 5 cuadras, el policía acepto, pero Marvin tenía un plan, la institución en la que laboraba estaba resguardada por policías, el ingresaría con su vehículo y adentro hacer detener al mal policía, este reacciono rápidamente al ver a sus colegas y dijo "¡¡¡para, para, para, a donde me llevas!!!", Marvin le dice aquí trabajo, el policía le dice "cuanto tienes", Marvin le responde tengo cuatro soles, el policía dice "ya dámelo y déjame aquí".Y así quieren que se les respete.

No obstante, para no ser injusto, es necesario decir que existen muy buenos policías en las comisarías, y para ellos el respeto y aprecio.Es cierto también que los policías se ven obligados a llevar sus propias computadoras, ellos compran su papel, tinta, se sientan en sillas destartaladas, con escritorios que se caen, y eso por qué, se preguntaran, por una sencilla razón: el alto comando no distribuye el presupuesto anual que el Congreso les asigna.Pregunta, "¿a dónde va a parar ese dinero?", es por ello que en esos casos los pobres policías para no sacar dinero de sus bolsillos para comprar papel, tinta, lapiceros, se ven obligados a pedir a los justiciables, y esto se ha hecho una costumbre, pero esto es otra cosa muy distinta a los que descaradamente si extorsionan.

Lo mismo ocurre con los patrulleros, no tienen para gasolina, llantas ni repuestos, ¿quién o quiénes se roban los presupuestos asignados al Ministerio del Interior y por qué no se los dan a las comisarias?

Han transcurrido ya más de 20 años desde que escribió y publico su primer libro, y hoy las cosas continúan igual o peor, no solo porque en carne propia vivió las injusticias policiales, si no que presencio abusos y el "sembrado" de cosas (armas, municiones, drogas,) para incriminar a inocentes, tan solo para estar vigentes ante la opinión pública y quedar bien son sus jefes y lograr asensos.Seguramente pretenderán negar y hablar mal de Marvin, pero él lo vivió en carme propia, a él no se lo contaron, no solo eso, sino que ya nos acostumbramos a ver y a escuchar en los medios de comunicación el mal accionar de los malos policías.

Da la impresión que, al momento de evaluar el perfil psicológico del postulante a policía, los psicólogos prefieren al más pícaro, al palomilla, al más quimboso, al que tiene más calle; y el que es educado, cortes, caballero, con más cultura, simplemente no ingresa, lo jalan, dirán "este no nos conviene para nuestros intereses o propósitos".

Considero que esa puede ser la explicación para contar con policías que solo saben maltratar, extorsionar y chantajear a los ciudadanos.Cuando no es nada difícil atender al que concurre a una comisaria de forma educada, no es nada difícil saludar e invitar a sentarse, preguntar en que nos pueden servir o atender, y si están ocupados decir, señor o señora un momentito, en un ratito lo atiendo, pero no, te dicen "¡qué quiere!, ¡espérate!, ¡no hay personal!, ¡el carro no tiene gasolina!, ¡no está el jefe!", y si por algún caso alguien dice algo, responden "¡cállese o lo detengo!", y porque actúan así, porque se sienten seguros y avalados por sus jefes.Ya no es como antes que entre ellos se respetaban, pesaban los galones y antigüedad.(el cabo saludaba al sargento, y este sucesivamente a los oficiales).

Da la impresión de que, en sus hogares tienen problemas con sus esposas y se desahogan con los justiciables o los que acuden a pedir un auxilio.Quiero recodarles que todos los servidores públicos sin excepción se deben a nosotros que pagamos nuestros impuestos para que ellos cobren sus sueldos, las comisarias, los hospitales, los municipios, los Ministerios, y gobiernos regionales, etc.no son de propiedad de los que allí laboran, son de propiedad de todos los peruanos, el uniforme que visten se los damos nosotros, no para que lo utilicen como símbolo de poder ni de abuso, sino de seguridad, garantía y confianza, en el caso de los policías.

Aquí tenemos otro ejemplo de abuso: el caso de la Comunidad Campesina de Aucallama.Ubicada tan solo a una hora de Lima, un día 18 de febrero del 2016, un grupo de policías al mando del ex coronel PNP de apellido Garay, policía comprometido en el caso Oropeza, (posteriormente fue dado de baja, por presión de la prensa) a cargo de un grupo de policías de Lima, irrumpieron en la madrugada de aquel día, sorprendiendo dormidos a los ronderos de la Comunidad Campesina de Aucallama, quienes custodiaban su propiedad para evitar las invasiones de sus terrenos, en la variante de pasa mayo.

Para detenerlos les sembraron armas, municiones y drogas, para luego dar sus acostumbradas conferencias de prensa, en este caso a cargo de un general que finalmente fue destituido de su cargo, dicen por corrupto e inmoral, diciendo que habían capturado a los "Injertos de Aucallama", al mando de la "Chata

Rosa", refiriéndose a la presidenta de dicha comunidad campesina.FALSO DE TODAS LAS FALSEDADES.

Incluso descaradamente mintieron al país diciendo que, la ficha registral de la presidenta no existía en el RENIEC, nada más falso, incluso el propio Ministerio Público al final solicito el SOBRESEIMIENTO o archivo de dicha investigación, en razón de que ni a ellos se les había comunicado de dicha intervención o que iban a realizar dicho operativo, conforme al Código Procesal Penal, se preguntaran por que la policía actuó de esa menara.Por una sencilla razón: dicen que cobraron de los invasores de tierras para permitirles su ingreso a los terrenos de la comunidad campesina, para despojarlos de su propiedad y posesión.

A la presidenta de dicha comunidad, también le hicieron lo mismo que a Marvin, la denunciaron por todos los delitos para entretenerla en la policía y fiscalía, de tal forma que algunos fiscales llegaron a pensar lo peor de ella, cuando en realidad todo lo hizo la policía para apoyar a los invasores, en este caso también Marvin tuvo la ocasión de defenderlos como sus abogado, y en una audiencia que duro más de seis horas, logro convencer al Juez, que todos eran inocentes, toda vez que el fiscal solicitaba nueve meses de prisión preventiva, y el Juez al final ordenó sus libertad.Por la mala intervención policial y que el fiscal pretendía avalar.

No obstante que las comunidades campesinas, tienen su propia Ley y que las autoridades tienen la obligación de respetar sus costumbres, sin embargo, es letra muerta, a raíz de la valiente actitud de la presidenta de dicha comunidad campesina, al haber hecho frente a los invasores y denunciar a los malos policías.

En venganza hicieron todo lo posible para confundir al Fiscal Superior Provisional de Huacho, quien dispuso que sean investigados por la fiscalía especializada en delitos de crimen organizado.Ella concluyó su periodo con más de 40 denuncias penales y la han catalogado como conflictiva, terrorista, traficante etc. ¡que injusticia!, finalmente quedo limpia de todas esas acusaciones tendenciosas y falsas.

Hoy ha sido sucedida por su hermana, quien fue elegida democráticamente en elecciones libres como su nueva presidenta, quien seguramente también tendrá que afrontar innumerables denuncias, por tan solo hacer valer sus derechos y defender sus tierras, de los verdaderos traficantes de terrenos avalados y protegidos por algunos malos policías.

Han transcurrido más de 20 años que Marvin viene denunciando la actitud de malos policías, hoy continua igual, y es que los policías se creen que son el cuarto poder y nadie se atreve a chocar con ellos, pero siempre lo ha dicho y lo seguirá diciendo que NO LES TIENE MIEDO, incluso se acordaran que sacaron una vez un spot publicitario que decía "a la policía se la respeta" él dice, primero que ellos nos respeten, si quieren que les respetemos, pues respetos guardan respetos ¿o no?.

En otra oportunidad se acuerda que iba con un amigo por la avenida Naranjal en los Olivos y una camioneta, de la comisaría de Sol de Oro, detuvo el vehículo en el que transitaban, les solicitaron sus documentos uno de los policías anotó su nombre en un cuaderno, hecho por el cual le reclamo y pregunto por qué anotaba su nombre, el policía, siempre prepotente, grosero y malcriado, dijo "¡usted cállese, yo sé lo que hago!"

Por último, los dos policías les dijeron "si quieren irse libres tienen que llenar el tanque de la camioneta con gasolina ", requerimiento al que Marvin se opuso, amenazo a los policías que, si no actuaban conforme a Ley, los denunciaría por abuso de autoridad, que en ese momento se dirigiría a la fiscalía de turno.Al ver su actitud, estos malos elementos policiales dijeron "ya váyanse no más, no queremos problemas con ustedes. Ojo que estábamos en plena época del terrorismo, pues el policía simplemente detenía y los podía desaparecer.

Terminando ya de escribir este libro, en plena época de emergencia por la pandemia del coronavirus, ocurrió otro caso, al noreste de Pativilca, provincia de Barranca, en un pueblito cercano, un grupo de pobladores fueron agredidos, dicen por encargo de una empresa minera.Un mal policía de un puntapié le reventó el rostro a una mujer indefensa, pues ella yacía en el piso, y sus colegas policías solo miraban sin reprimir a su compañero, lo peor, en plena emergencia de la COVID-19 o coronavirus, hicieron compras millonarias sobrevaluadas, lo que motivo la renuncia del ministro del Interior, Sr.Morán, posteriormente varios generales.Y como quedo o termino ese caso, tatataaaaa.La prensa calladitaaaaa.

Así hay muchos otros que se le viene a la mente, como el que sucedió en una marcha de profesores en la plaza Dos de Mayo en Lima.Un policía cogió a varazos y patadas a una madre en estado de gestación.(Fuente, medios de comunicación visual). Pregunto "¿son seres humanos o animales algunos policías o se trasforman en bestias cuando se ponen el uniforme?".

Esto no ocurre solo en el Perú, también en otros países, casi todos los días podemos ver y escuchar las noticias, en los Estados Unidos por ejemplo que un policía asfixio a una persona de color, otro día otro policía de un empujón derribo a un anciano pese a verlo sangrando prefirieron dejarlo allí.Esto es indignante, más rabia da que, las autoridades se solidarizan con estos malos policías, si yo fuera presiente dice Marvin, a todo policía que maltrate injustificadamente a una persona de inmediato dispondría su baja y juzgamiento.

Esta seguro que, mucha gente quisiera denunciar estos atropellos, pero no se atreven por temor a las represalias que puedan tomar contra ellos, y porque saben que su denuncia caerá en saco roto, todos ya sabemos que, por el mal llamado espíritu de cuerpo, cubren con el manto de la impunidad a sus malos colegas, esto ocurre también con los malos fiscales y jueces, en algunos casos ponen como jueces supernumerarios a personas que nunca deberían ocupar esos cargo, ponen a la propia rata como despensero.

En el caso de Marvin, los invasores como nada lograban en su contra, se coludían con malos policías de la comisaría de Sol de Oro, quienes lo hostilizaban constantemente con persecuciones y amenazas de detención, no permitiéndolos incluso realizar sus acostumbradas asambleas.Cuando concurrían a dicha comisaría para solicitar ayuda o para asentar una denuncia, simplemente no les aceptaban, dando como respuesta que no tenían personal o que su movilidad no tiene combustible, etc. empero para "podernos ayudar" según ellos tenían que demostrarles nuestro "cariño", el que consistía en dejarles una suma de dinero que fuera convincente para que les presten auxilio policial.

Pero ellos sí, cuando chocaba un patrullero, cuando tenían que reparar sus baños, etc. le citaban a la comisaria para pedirle que les apoye económicamente.Les compraba parabrisas, pagaba el planchado de patrulleros siniestrados, les compraba mayólicas, etc. por eso que en una de sus acostumbradas asambleas, llegaron un grupo de policías, según ellos para notificarle, pero no, ellos fueron con el propósito de detener a Marvin sin mandato judicial, pero como sus guarda espaldas o seguridad eran solo mujeres, no pudieron acercarse a su persona y de pronto todas las mujeres se les abalanzaron a los policías, quitándoles sus gorras que volaban por los aires, y al ver esto optaron por retirarse.

También tuvo otro problema con el mayor comisario de Aucallama, Luis Sánchez Vázquez, quien se portó como la gran mayoría de policías, prepotente, malcriado y abusivo, por lo que lo denuncio ante inspectoría en Huacho, lo sancionaron con una simple amonestación, la cual tuvo que apelar, no solo eso este mal oficial había sorprendido a su comando ofreciendo un testigo falso, ni por eso lo destituyeron, demostrando con esto una vez más que entre corruptos se protegen.

Cuenta también que en una ocasión le tocó defender a un cliente que había disparado de manera casual contra su víctima, pero hasta allí desconocía los detalles de los hechos, le buscaron sus familiares para llevar su caso, entonces se constituyó a la fiscalía y no figuraba en los registros tal acontecimiento, hasta que un fiscal dijo "yo tengo ese caso, lo está investigado la policía de Apolo".Se constituyeron a la delegación de Apolo en el distrito de La Victoria, en compañía de una fiscal y su cliente, cuando llegaron, la fiscal preguntó por el policía a cargo le dijeron que era el sub oficial Ever Díaz Díaz, resulta que este mal policía le hacia la guardia al cliente de Marvin, en su domicilio con la finalidad de capturarlo y ponerlo a disposición de la fiscalía.

Pero se dio con la sorpresa de que Marvin, condujo a su cliente a dicha comisaria en compañía de la fiscal, poniéndose a derecho, por lo que ya no podían detenerlo, este hecho molesto a este policía, dio parte a su jefe.Este dispuso, por orden del fiscal, que le tomara su manifestación, sentado al frente del policía estaba su cliente, la fiscal a un costado inicio su interrogatorio con preguntas que nada tenían que ver con los hechos, al que constantemente Marvin se oponía y le preguntaba al policía a donde quería llegar, en una de esa le responde con su característica prepotencia, "usted cállese yo soy el instructor", Marvin le respondió " , pero yo soy el abogado, y no estoy de adorno ni pintado", solicito a la fiscal que le llamara la atención, pero como ella era joven como siempre algunos fiscales se atemorizan frente a un policía mañoso, Marvin se levantó le pidió a la fiscal que le acompañara para hablar con el jefe del policía, era un teniente coronel.

El comandante salió junto a ellos, le dijo al subalterno, "ya perdiste pues, el doctor ya te ganó, mientras tú estabas haciéndole la guardia él se puso a derecho, así es que tómale su declaración tranquilo"; sin embargo el policía continuo, al término dijo a la fiscal que en ese momento lo llevaría a su cliente a pasar el examen médico legal y la de absorción atómica (ojo que los hechos ocurrieron 8 días antes), Marvin le dijo al policía, primero, que ya eran las 21:00 horas, así que era improbable que le pasen el examen de absorción y que ya no le encontrarían nada pues ya había pasado mucho tiempo.

Terco el policía les condujo sin la fiscal, lograron pasarle el examen médico legal y no el de absorción, les citó verbalmente para el día siguiente, se constituyeron nuevamente pero como no estaba la fiscal no podía continuar con la diligencia, pero ya era otra fiscal del pool de fiscales, les citó nuevamente para el día siguiente, al llegar Marvin sube al despacho, lo encuentra al policía sentado y sobre sus piernas reposaba medio cuerpo de una dama, el policía se desesperó le dijo "¡baje, baje Dr.yo lo llamo!", Marvin bajó, y al rato le llamó, subió nuevamente, resulta que la dama había sido la mismísima fiscal del pool de fiscales.

Al verse descubiertos la fiscal le dice "doctor regrese mañana porque hoy día le tomaremos la declaración a los testigos", otra vez al día siguiente al llegar no estaba el policía solo la fiscal, le dice a Marvin "doctor, el sub oficial va a demorar un poco espérelo", lo espero al poco rato llegó, le dice a la fiscal "ya doctora, todo listo", la fiscal le responde "lo incluyo al doctor", señalando a Marvin, le pregunta "¿qué pasa doctora, por qué me señala?", ella responde "¿cómo, no sabe?", le dice "que voy a saber, si es usted quien conduce la investigación tengo la garantía de que usted defiende la legalidad".

Le dice "venga, lea" le hace leer la declaración de un supuesto testigo, que decía que Marvin en su calidad de abogado se había apersonado a su domicilio para pedirle que declarara a favor de su cliente, y precisa que a las 21:00 horas del día tal… Nada más falso, pues ese día y hora estuvieron con el mismo policía en la casa de su cliente efectuando una inspección policial.Con esta falsa declaración, el policía y la fiscal se coludieron para pretender implicar a Marvin en el delito de obstrucción a la justicia habían solicitado al juez su detención.

Marvin se enardeció y se dirigió al despacho del teniente coronel, le explico lo sucedido, felizmente este comandante también era abogado, y le comprendió, se molestó tanto que le gritó al subalterno delante de él, le dijo "¡carajo no seas picón el doctor te ganó, acéptalo ya no puedes hacer nada, con una declaración de un testigo pretendes que te firme la solicitud de detención del doctor, pues no lo voy a firmar!" dijo, rompió el oficio, hecho por el que Marvin se obligó denunciar al policía y a la fiscal, pero como siempre al policía lo cubrió el manto de la impunidad y el mal llamado espíritu de cuerpo y a la fiscal si la destituyeron.

En otra ocasión, en Huacho, a un promotor de espectáculos le habían otorgado licencia para realizar una fiesta en el distrito de Carquín, un día viernes le entregan la Resolución Municipal y al día siguiente, sábado, la propia alcaldesa anula su propia resolución y lo notifican ese mismo día, sin darle la oportunidad de impugnarla.Marvin en su calidad de abogado se dirigió a dicho municipio el mismo sábado, llegaron junto con su cliente, al despacho de la alcaldesa, y ella misma le dice que no dependía de ella sino del comandante de la comisaria de Salaverry.

En ese entonces era comisario el comandante Melvin, llegaron a la comisaria, su cliente y dos personas más, llevaba consigo redactada una denuncia en contra del comisario, la alcaldesa y la sub prefecta. Sentados frente al comisario le explicaron lo ocurrido, le solicitaron una explicación del por qué, luego de haberse otorgado la autorización, se anuló, es que el formaba parte del comité de seguridad, obteniendo como respuesta "es que pues doctor ustedes no han venido para arreglar con su policía…", mientras hacia una seña con sus manos, es decir insinuaba un pago.Con todas estas evidencias como quieren ustedes que no sienta repugnancia contra estos malos elementos policiales.

Hoy los medios de comunicación le revientan cohetones al policía por una acción que realiza en cumplimiento de su labor, que para eso les pagan, allí tenemos al policía que le quitó la vida al pistolero del centro comercial de Independencia, a la semana la esposa de ese policía lo denuncia porque la maltrataba; lo mismo ocurrió en Huacho, un policía que en cumplimiento de su labor salvó de ahogarse a tres bañistas, y por eso todos lo premiaron, pero lo triste es que la buena acción de algunos buenos policías, se ve destruida por el mal accionar de sus malos colegas.

En esta etapa de su vida, nos cuenta también que, Cuando el partido aprista llegó al poder, formo parte de un grupo de jóvenes que apoyaban en el Congreso de la República, tanto a los diputados como a los senadores, se acuerda que uno de tantos días salió de su trabajo y se dirigió al Congreso, se acuerda que era un día viernes, estaba sin afeitarse, sin terno, con sus zapatos sucios, al ingresar encuentra a un grupo de personas que esperaban al presidente del congreso Dr.Luis Alva Castro, para llevarlo a clausurar un evento en el auditorio del hospital del empleado, pero como en esos instantes interpelaban a los ministros del gabinete, no podía asistir.

De pronto escucha una voz que dice llegó Marvin, pregunta qué pasa, de inmediato le dicen tienes que irte en representación del Presidente de la Cámara de Diputados a clausurar un evento, lo tomaron de sorpresa y dijo no puedo, estoy sin afeitarme pidió que le esperen un momento para cambiarme la ropa, le dijeron que no, y tenía que salir en ese instante pues la comisión de dicho evento están esperando, en ese momento recorrió con la mirada a las personas que fueron a recoger el Presidente, vio a uno de su talla y contextura, le dijo préstame tu saco y tu corbata, se lo puso se dirigieron al lugar, estando en el carro pregunto de que se trataba el evento, le dieron los detalles, en su mente ordeno sus ideas llegaron al lugar.

Al ingresar, los participantes decían "no viene Luis Alva", por supuesto que Marvin era un desconocido ni lo miraban, cuando uno de los que le llevó les dijo "él es su representante", el auditorio era grande, algunos estaban sentados en las butacas, otros en las graderías, a Marvin le hicieron sentar en la esquina de la mesa de honor, allí estaban personas mucho mayores que él, le miraban de reojo, sentado casi en la punta de la mesa; en ese momento reiniciaron el evento lo presentaron como representante del Presidente de la Cámara de Diputados, Dr.Luis Alva Castro.

Marvin se levantó, camino tímidamente por su vestimenta y sus zapatos sucios, llego al atril, ya frente al público se mandó un señor discurso.Cómo le hubiera gustado que alguien lo hubiera grabado, dice, en esa época aún no habían los teléfonos celulares cree que ni grabadoras, se acuerda que al término de su intervención, sin mentir, nos dice, todos se pusieron de pie y lo aplaudieron, ya con los ánimos al tope, repuesto y empoderado camino erguido hasta la mesa de honor nuevamente, a partir de entonces los viejitos que eran los ponentes, y los organizadores le dieron su atención, le invitaron a sentarse ya no en la esquina de la mesa sino al centro, acto seguido lo invitaron a departir un brindis, algunos se le acercaron para preguntarle, como era posible que a su temprana edad haya llegado a ese nivel de representar al Presidente de la Cámara de Diputados y por su gran oratoria.

"Es que en el partido aprista el "jefe" Víctor Raúl, los preparaba para cualquier evento o acontecimiento, tal es así que salían a las calles con sus banderolas de la escuela de oratoria, parados en los parques para improvisar discursos frente al público, así perdían el miedo y aprendían a improvisar".Nos cuenta Marvin.Ojo él no era aprista, sino que tenía un tío que fue diputado en ese entonces, él lo llevaba.

CAPITULO XX
LA FISCALÍA Y EL PODER JUDICIAL

Lamentablemente, como ya lo dije el Ministerio Público desde su creación hasta hoy, no es más que una mesa de partes, pues tan solo se limita a recepcionar todo tipo de denuncias ya sean verbales o escritas, sin la seguridad de saber de quién se trata puesto que cualquier persona incluso usurpando identidades, formulan y presentan denuncias, con el solo ánimo de perjudicar a alguien porque simplemente le tiene cierta animadversión o tiene alguna rencilla con el denunciado, o porque no le acepto pagar coimas o chantajes, caso de los funcionarios públicos a "pseudos periodistas y pseudos moralizadores".

Basta que este firmada por alguien, al momento de presentarlo en trámite documentario, el presentante no se identifica, por lo general lo hacen sin adjuntar pruebas, es más ni la dirección domiciliaria del que lo presenta se verifica, ya que así lo dispone su Ley Orgánica, la misma que no se ha actualizado, ni mucho menos modificado desde su creación en mayo de 1981, es por ello que muchas veces los supuestos agraviados nunca se presentan a ratificar su denuncia, pero ya hicieron daño no solo a un inocente, sino que hacen perder tiempo y dinero al Estado a través de las fiscalías, y se hizo mover a todo un sistema con la consiguiente pérdida de tiempo y dinero, lo que incluye pago de remuneraciones, papel, tinta, etc. y por supuesto al denunciado porque también tiene que pagar a su abogado.

eso es lo que precisamente ocurrió con Marvin, luego de dos años aproximadamente de haber acudido en repetidas veces tanto a la Fiscalía como al Poder Judicial, por una de las tantas denuncias en su contra; efectuadas todas las investigaciones del caso, ante el 27° Juzgado de Instrucción en 1,987, se dictó por fin la sentencia, a través de la cual se le absolvía de los cargos se disponía el archivamiento definitivo del expediente, habiendo en este caso rarísimo durado tan solo dos años, eso porque él estaba casi todos los días molestando a las autoridades, de lo contrario ese caso hubiera durado no menos de cinco años, la pregunta es, quien le paga o le pagó por los daños causados, quien reparo su dañado nombre, la respuesta es, nadie.Sin contar con todas las denuncias del que fue víctima, todas archivadas por falta de pruebas, más de 10 años litigando contra supuestos agraviados, gracias a la ineptitud de los jóvenes fiscales y malos policías.

Pero nada de ello lo doblegó ni mucho menos perdió la fe en Dios, con el apoyo decidido de la mayoría de los pobladores pudo superar todos estos problemas.Con respecto a los fiscales y jueces no puede generalizar, pero esto felizmente ya cambio con la entrada en vigencia del nuevo Código Procesal Penal, hoy ya no hay doble investigación, ahora el fiscal realiza todas las investigaciones los justiciables ya no se entrevistan con los jueces, ya que todo se discute oralmente en las audiencias en el juicio oral, pero, sin embargo, algunos jueces en lo civil si le consta que en forma descarada piden dinero para emitir un fallo o resolución (1985, Lima).Y quien sabe si acaso todavía continuara.

Pero aquí hay un, pero, es lamentable decirlo, han transcurrido más de diez años de la puesta en vigencia del Código Procesal Penal, en Huacho, al comienzo una investigación fiscal concluía a lo mucho en 120 días, hoy ya estamos como con el Código Procesal Civil, en la que ya no se respetan ni cumplen con los plazos, una investigación ahora está sobrepasando los tres o cuatro años.Algunos jóvenes fiscales están también abusando, solicitando prisiones preventivas en algunos casos que no justifica, tan solo para salir del anonimato como "héroes" en los medios de comunicación.

Este fue uno de sus sueños de Marvin que se hizo realidad, es decir la instauración de un nuevo Sistema Procesal Penal.Fue entonces que se convirtió en sus aliado, apoyándolos, difundiendo a través de la radio la aplicación de este nuevo sistema procesal penal, no obstante, como ya lo ha dicho en sus artículos que escribe en su blog de internet, al parecer va a suceder lo que sucede hoy con el Código Procesal Civil, en razón de que el Ejecutivo no hace nada para mejorar las condiciones laborales y logísticos del personal que labora en el Ministerio Público, sino que no designan más fiscales eso hace que aumente la carga procesal, los casos que deberían de durar tan solo un máximo de 120 días de investigación, u 8 meses en casos complejos, hoy están ya superando los cuatro o cinco años.

Aquí me permito hacer una recomendación, para mejorar y darle más peso a los magistrados, es necesario que para ser Fiscal o Juez Penal deberían de tener un mínimo de diez años de experiencia como abogados litigantes, para no dejarse sorprender ni mucho menos dejarse avasallar por los malos policías y con su amplia experiencia efectuar muy buenas investigaciones, lo que implica el consiguiente cambio o modificación de su Ley Orgánica y el perfeccionamiento del código procesal penal.

Debo también decir que este nuevo Sistema Procesal, es más garantista que el Código de Procedimientos Penales de 1940, aquí por ejemplo los jueces y fiscales ya no son "inquisidores", a la justicia le han dado otro matiz, son más humanos claro, que en muy pocos casos (aun con ciertas excepciones), puesto que aún hay jueces y fiscales que, además de dar cólera, dan pena; el imputado, acusado o investigado, tiene el derecho a su auto defensa entre otros beneficios.

Otra innovación es que ya la policía no efectúa sus famosos partes ni atestados, tan solo se limita tomar declaraciones lo eleva ante el fiscal, no puede, no debe de excederse del plazo de investigación dado por el fiscal, bajo responsabilidad, de igual manera el policía que conozca de un hecho criminal, tan solo se limita a cuidar la escena del crimen para no permitir que se borren o desaparezcan los elementos que van a servir como prueba, debe de inmediato informar al fiscal de turno, y de acuerdo a ello, si el caso amerita un mayor tiempo, el fiscal solicitará al Juez le otorgue un plazo de ocho meses haciendo compleja la investigación, previa a su formalización.

Hoy la policía no debería de efectuar sus operativos sin contar con la presencia de un fiscal, sin embargo lo hacen, y en el peor de los casos, en acto de flagrancia, debe de inmediato comunicar al fiscal de turno para que éste le instruya las acciones a tomar, sin embargo la policía no la cumple, en sus mal llamados operativos no comunican al fiscal de turno y cometen abusos.

Hoy el fiscal tiene en sus manos toda la investigación preliminar, recibe la denuncia ya sea por escrito, por acción popular o a través de la policía, de inmediato dispone se inicie las investigaciones preliminares, al término del cual, si encuentra pruebas o elementos que lo convenzan de la comisión de un delito, iniciara las investigaciones para que después, con todo los elementos de convicción procederá a formular su acusación ante el Juez, pero si son varios los imputados o debe de realizarse varias diligencias, también el fiscal formalizará la investigación ante el Juez, no obstante, al término de todas las investigaciones el fiscal tiene dos caminos: o solicita el sobreseimiento o acusa, como también puede al mismo tiempo acusar y sobreseer dependiendo de la condición de los investigados, es más, ya en pleno juicio oral puede retirar su acusación.No obstante, también al término de la recopilación de pruebas al no tener pleno convencimiento de la comisión de un delito de plano puede disponer su archivo, también al haber vencido los plazos ya no puede continuar ni realizar nuevos actos de investigación ni mucho menos formalizarlo ante el juez.

El juez en una audiencia, llamada control de acusación o de sobreseimiento, escuchara a las partes y será el, quien decida, o le da la razón al fiscal o al abogado del imputado, allí termina todo, pero si el juez le da la razón al fiscal en su acusación, el juez dispone elevar los actuados a la etapa de juzgamiento, para que se lleve a cabo el juicio oral.

No obstante, por una mala "investigación" policial o fiscal, ya se han visto casos de personas inocentes presos, por una supuesta homonimia, y digo supuesta porque, el que no tiene dinero o poder político no está libre y destruyen la vida de un inocente, tan solo por un "error", al cambiarle un numero en su DNI, o una letra en el apellido, tan solo para beneficiar al que pago.Entonces de que justicia hablamos, tan solo basados en que la justicia es "ciega", no, los supuestos "ciegos" son los que" investigan" y lo peor no usan su sentido común, entonces la justicia ya no sería tan solo "ciega" sino estúpida.

Hoy los jóvenes terminan su carrera de abogados y se refugian en las fiscalías o juzgados, comienzan cociendo expedientes, o archivando, o notificado, luego son asistentes, posteriormente son ascendidos a adjuntos luego titulares, son solo teóricos no tienen nada de experiencia en la práctica, se creen dueños de la verdad aun sabiendo que están equivocados, pero con honrosas excepciones, no voy a negar ni ser injusto, existen fiscales muy buenos, tanto intelectual, laboral como en lo personal.

Mucho me acuerdo que un miembro del ex Consejo Nacional de la Magistratura, dijo "los mejores abogados son los que litigan no los que trabajan en las fiscalías o juzgados".Un buen abogado sabe que basta una prueba contundente para acusar y condenar, basta una sola duda razonable para absolver.Pero es triste decirlo, de esto los fiscales y jueces ni se acuerdan, para ellos todo es delito, todos somos delincuentes y nos tratan como tal.Olvidándose de que todos debemos ser tratados como inocentes mientras no se pruebe lo contrario.

Con mucha pena repito que, el Código Procesal Penal terminará como el Código Procesal Civil, en donde tampoco se cumplen con los plazos un proceso en la vía civil supera los quince años (por citar tan solo el caso AA.H.Toma y Calla. Exp.1696-2004 Huacho), es decir retornamos al antiguo Código de Procedimientos Civiles, con la única diferencia en la postulación y los medios probatorios.El dirigente de "toma y calla", después de litigar casi 20 años, falleció sin haber hecho realidad su anhelo.

Regresando al tema de las denuncias que le hacían a Marvin, por supuesto que no fueron las únicas, posteriormente tuvo una gran cantidad de denuncias por parte de personas a quienes, el ayudo, pero como reza el dicho "cría cuervos…" o "porque me muerdes la mano hermano después que te saque del pantano", es que el ayudo a muchas familias pero estos querían más, a su negativa lo que hacían era denunciarlo, pero felizmente termino con todas las denuncias archivadas o absueltas.

Pero sus enemigos continuaban, en otra ocasión habían pagado a cuatro delincuentes para que raptaran a su hijo y esposa, eso porque, por una sencilla razón: se hizo tan conocido en toda la zona por sus acciones y sus obras, que la población no quería que otra persona presidiera la asociación le obligaban para que continuara en el cargo, por sus obras, sus enemigos decían que les robaba sus dinero, lo que no sabían es que casi todas las obras las ejecutaron con solo gestiones y coordinaciones, así que cada año solo elegían a los demás miembros de su Junta Directiva, él se quedaba como presidente.

En una de las primeras obras que ejecuto, el contratista también le entregó una suma de dinero, lo recibió y lo sometió a la asamblea de su Junta Directiva, por acuerdo unánime decidieron invertir dicho dinero en la construcción de un colegio de primaria.El contratista al enterarse le dijo, que fue un estúpido, "ese dinero era para usted", le dijo.Por eso hoy puede caminar con la frente en alto nadie, pero nadie, le puede señalar con el dedo acusador, no obstante, para el fiscal o juez es un delincuente.

Antes de terminar este capítulo, debo decir que el Código Procesal Penal, no es perfecto, es bueno que se designe una comisión conformada por abogados litigantes, para efectuar modificaciones, existen varios vacíos, lo que imposibilita al abogado poder ejercer bien la defensa, como, por ejemplo, no existe un artículo referido a la queja de derecho, esto aparentemente está reservado al órgano judicial, pero por añadidura los abogados lo solicitamos, así existen otros.

Marvin dice, "Como me gustaría que se instaure un sistema de justicia tanto penal como civil, con jurados, solo así garantizaríamos un buen juicio, y no se condenarían a inocentes ni se absolverían a culpables y tampoco podrán coimear a 10 o a 20 personas".Aquí se podrá ver la calidad tanto del fiscal como del abogado, el juez tan solo escucha y decide de acuerdo a lo que el gran jurado determina, tal como así funciona en otros países y un proceso no debería durar más de 30 días, en primera instancia con salas revisoras conformada también por 3 jueces y con 10 jurados seleccionados a través de sorteos por la onpe.

Para cerrar este capítulo, nos dice que, en la época del gobierno de don Alberto Fujimori, miembros del SIN se infiltraron en todas las instituciones para perseguir a los sediciosos, entre ellos la fiscalía, el poder judicial nos cuenta, Marvin que en aquella época era dirigente vecinal, era víctima de una serie de denuncias infundadas, y no entendía porque, si él nunca había cometido delitos, pero después entendió el motivo, era para extorsionarlo a través de los malos policías, algunos malos secretarios de juzgados, etc. Y lo descubre cuando un secretario de un juzgado de lima norte, lo busca en su domicilio para pedirle que lo denunciara a un alcalde, Marvin pregunta porque, obteniendo como respuesta, "tu solo denúncialo por cualquier delito, nosotros nos encargamos luego", pues era para extorsionarlo, disponiendo su captura, o se sometía a un juicio injusto o tenía que pagar lo que le pedían.

Para esto utilizaban a sus enemigos, y le llenaron de denuncias, lo que significa que su libertad, le costó mucho dinero y pérdida de tiempo, lo único bueno que saco de todo es que aprendió y practicó el derecho o la abogacía. Y todo por una mala calificación o inexperiencia del fiscal, por ejemplo Marvin ocupo un cargo gerencial en una institución pública, por el solo hecho de haber elaborado una resolución y haber puesto su visto, como parte de su función, fue denunciado por un falso moralizador, a efectos de extorsionarlo para que le entregue dinero mensual y a cambio, dejarlo trabajar, el fiscal le apertura investigación por los delitos de aceptación y designación de cargo, peculado, colusión, crimen organizado.

No existiendo ninguno de esos delitos, eso demuestra una vez más la inexperiencia del fiscal, imagínense calificar como crimen organizado, por el solo hecho de que dicha resolución lo firman más de 2 personas. Considero que esa ley debe ser derogada o modificada. Ósea que, de ser así todos los ministros y funcionarios y el propio presidente de la república, por el solo hecho de emitir una resolución se irían presos, porque el que lo emitió pone su visto, también el asesor legal, finalmente la máxima autoridad. Y eso sería para el fiscal una red criminal, allí tenemos otro ejemplo la del presidente Castillo. Que desgracia.

Marvin quiere también contar otros casos que le ocurrieron en la fiscalía de huacho, cuando cumplía una función pública también fue denunciado por uno de los tantos extorsionadores, ante la fiscalía especializada en corrupción de funcionarios, porque este extorsionador solicitaba al gobierno regional, cantidad de documentos para luego extorsionar, pero no pagaba por las copias, y utilizaba a un fiscal adjunto para que este los recoja, Marvin se negó por cuanto no fue la fiscalía, quien lo había solicitado, por este hecho el fiscal lo investigo.

Otro caso en esta misma fiscalía fue que, Marvin en cumplimiento de sus funciones y por disposición del gobernador, emite una resolución para designar a un funcionario, y tenía que colocar su visto, de igual forma el asesor legal, el gerente general y finalmente el gobernador, y este mismo extorcionador los denuncia, que casualidad ante esta misma fiscalía y le apertura investigación por los delitos de aceptación ilegal de cargo, nombramiento ilegal de cargo, peculado, malversación de fondos, colusión, crimen organizado y asociación ilícita para delinquir.

Imagínense que tal fiscal quienes serían sus profesores, por el solo hecho de elaborar una resolución y colocar su visto, y allí no termina la cosa, Marvin fue citado para concurrir a rendir su manifestación, él se presentó a la hora y fecha exacta, pero antes de declarar, pregunta si el supuesto agraviado ya había declarado y si se había ratificado en su denuncia, obtiene como respuesta que no.

A tal respuesta Marvin le dice al fiscal que se abstiene de declarar hasta que el denunciante declare primero, además que era su derecho, y el fiscal se oponía, por lo que Marvin al cabo de 15 minutos presenta une escrito solicitando se le señale nueva fecha para rendir su declaración, dando tiempo al fiscal para que le haga declarar primero al denunciante.

Este fiscal lejos de admitir la solicitud de Marvin, emite una disposición ordenando a la policía, su ubicación y captura para su conducción compulsiva porque supuestamente no se había presentado para rendir su declaración, Marvin al enterarse se presentó nuevamente, para increpar al fiscal porque había hecho semejante cosa, si a él le constaba que si se presentó.Y le obligo al fiscal para declare nulo dicha disposición, este se negó, por lo que tuvo que acudir al órgano de control, pero como siempre también entre ellos se protegen, archivaron su queja, por lo que tuvo que denunciarlo ante la Junta Nacional de justicia y ante el coordinador nacional de fiscales anticorrupción, denuncia que fue derivada ante la fiscalía superior de la misma fiscalía, o sea para que ellos mismos lo investiguen, finalmente otra vez archivado.

CAPITULO XXI
SU RENUNCIA AL CARGO DE DIRIGENTE VECINAL

Finalmente Marvin, decidió ya no asistir a la última asamblea, eran las 10:00 de la mañana de un domingo, a esa hora llegaron a su casa sus amigos y otros vecinos, le piden que asista, él se negó, ellos insisten le dicen "hay mucha gente, está presente un congresista, entonces se puso su gorra y lentes oscuro se dirigieron al local, ingreso, se confundió entre los asociados, al parecer nadie lo reconoció.

Ya se había iniciado la asamblea, comenzaron los ataques contra él, decían que les había robado, decían que se había entornillado en el cargo, etc, etc.Avanzó lentamente al lugar en donde estaba parado el congresista, se quitó el gorro y los lentes, saludo al congresista, este sorprendido le dijo "como están hablando de ti", "si doctor", le respondió.El congresista le quitó el micrófono al que le calumniaba y dijo, "ustedes me sorprendieron, si hubiera sabido que maltratarían a Marvin yo no venía, yo lo conozco al él y gracias a él, es que ustedes tienen todo lo que tienen hoy, estoy muy enterado de todo, no puedo permitir que se expresen de esa forma de él, son unos malagradecidos, como quisiera que en el Perú existieran cien Marvin todo sería diferente…", le dio el micrófono a Marvin y dijo, "hoy frente al señor Congresista les voy a demostrar quién es el ladrón ustedes o yo", le pedio al congresista que le permita ir a su domicilio para llevar toda la documentación y demostrar, lo injusto que habían sido con él.

El congresista dijo públicamente "no es necesario, te conozco", fue entonces que presento su renuncia ante el pueblo tomando como testigo al propio congresista, pero les demostró finalmente que, los que realmente le habían robado al pueblo, fueron aquellos que hoy tienen los servicios de luz, agua, desagüe, losas deportivas, colegios, los sinvergüenzas lo único que han hecho todo el tiempo, era solo difamar y nunca colaboraron con nada, son aquellos que dicen ser rojos o de los partidos de izquierda, ellos solo saben poner obstáculos y criticar lo digo con pleno conocimiento de causa y experiencia, nos dice Marvin.

Terminada la asamblea el congresista se retiró, junto con el Marvin, esa fue su última asamblea, pero continuaban las amenazas, para salvaguardar a su familia tomo la decisión de salir de su casa, la vendió se fue a vivir en Huacho en el mes de febrero de 1996.Desde entonces ha visitado sus obras que hasta hoy permanecen como cuando se inauguraron, una de las avenidas (Huandoy) que mando asfaltar no tiene ni un huequito, en cambio las que hiso INVERMET (institución adscrita a la Municipalidad de Lima), ya han sido parchadas varias veces. Ah, pero sus enemigos corrían la bola diciendo que se fue a vivir en Las Casuarinas, una zona de mucho lujo en Lima, y no sabían que se fue a Huacho, después de varios años algunos de sus ex asociados lo encontraron en Huacho y se sorprendían, se preguntaban "¿no decían que usted vivía en las casuarinas?"

Quiero también contarles sobre otra de sus obras emblemáticas, fue la de perforar un pozo tubular de 110 metros de profundidad, logrando encontrar agua, cuyo caudal era de 60 litros por segundo, cuando se inauguró aquella obra fue grandioso para todos, el pueblo se organizó con viandas, mucha cerveza, música etc. se divirtieron a lo grande, logrando proporcionar agua a su pueblo cobrando para el mantenimiento de la bomba, tan solo tres soles mensuales, por consumo.

También ya se había culminado la ejecución de las obras de alcantarillado, pero ocurrió que Sedapal se negó en recepcionarlo y ponerla en servicio, debido a que dicha obra fue ejecutado sin contar con título inscrito en los registros públicos de la propiedad de los terrenos, no tenían la aprobación de los estudios preliminares, ni del expediente técnico, es decir no tenían nada, tal como lo ocurrido con la obras de alumbrado público y domiciliario, pero dejado llevar por su vehemencia y viendo la necesidad de su pueblo tenía que tomar decisiones, no podía esperar que nuestras autoridades, tanto municipales como Sedapal, se dignen en apoyarlos o darles una solución, para ellos todo era problemas o simplemente se negaban por el sólo hecho de que no les dieron a ellos la elaboración de sus expediente técnico, lo que ocurrió también con Electro Lima, hoy ENEL, y para "buena suerte" se produjo en aquella época la enfermedad de "el cólera".Envió una carta al gerente de Sedapal responsabilizándolo, si dicha enfermedad perjudicaba a sus pobladores, nunca obtuvo respuesta.Hecho que le motivó contratar a un camarógrafo, tomo una comba y un cincel, se dirigió a la desembocadura de las redes del desagüe, es decir al colector general denominada Canta Callao, donde había unos inmensos tubos que median más de dos metros de altura. Con las dos herramientas en la mano se dirigió a través de una grabación al gerente de Sedapal diciendo, "mi nombres es Marvin…, con DNI N°…, en este momento voy a proceder a perforar la tubería matriz del colector de desagüe de Canta Callao, conectare el sistema de desagüe de mi asociación, si a alguien tienen que denunciar por este hecho será a mi persona, pero no permitiré que además de que esta obra se convierta en un elefante blanco, tampoco permitiré que, por la ineptitud de sus funcionarios nos contagiemos con el cólera".Fue así que conecto el sistema de desagüe lo puso en servicio, sedapal nunca accionó en contra de él y hasta hoy está en funcionamiento.

Otra anécdota que quiero contar es también, cuando electro lima se negaba en poner en servicio su sistema de alumbrado público y domiciliario, como ya dije todas las obras que Marvin ejecuto, fueron al guerrazo, no tenían aprobado su expediente técnico o los proyectos, por la sencilla razón de que aún no eran propietarios con derecho inscrito, pero si tenían contrato de compra venta.Lo que ninguna autoridad quería aceptar, los abogados sabemos que un documento escrito en un papel higiénico constituye un título y no existe ley que obligue su inscripción en los registros públicos.

Pero como no le habían dado a algún funcionario de electro lima, la elaboración de su expediente técnico, simplemente se negaban en aceptar y aprobarlo.Se valió de la amistad con algunos diputados, se reunieron con el presidente del directorio de electro lima y todos sus gerentes, a dicha reunión se fue portando una chequera de su asociación, se dio inicio la reunión y todos los gerentes se pusieron de acuerdo para no aceptar su solicitud, es decir la aprobación de su expediente técnico, en ese momento se enardeció y saco la chequera diciendo, "díganme cuanto quieren que les gire a cada uno de Uds. Para que aprueben mi solicitud".

El diputado se molestó con él, se levantó de la reunión junto con el presidente del directorio, se retiraron a su despacho de este, al cabo de unos minutos regresaron se sentaron nuevamente, fue cuando el presidente del directorio de electro lima, pregunto a cada uno de sus gerentes, haber Ud.en cuanto tiempo puede revisar el expediente y cada gerente dijo en un día, y así todos dijeron que si y en una semana estaría aprobado el expediente.

Pero eso no termina allí, cuando ya todo estaba listo, les obligaban a pagar una suma de dinero que no estuvo considerado en el presupuesto de la obra, monto que superaba los dos millones de soles, para un fondo de ampliación eléctrica y canon, dinero que tenían que sacar de sus bolsillos, pero con ayuda de sus amigos logro que la Dirección General de electricidad del Ministerio de Energía y Minas les exonerara del pago.

Acto seguido, para ganarle a electro lima, se amaneció una noche en el congreso, haciéndole la guardia al presidente de la cámara de diputados de ese entonces, quien al término de una de las sesiones, a su salida era avasallado por una multitud de personas, todos querían hablar con él, el amigo de Marvin se le acercó a él, le dijo "compañero quiero que seas padrino de la inauguración de una gran obra", pues no se imaginó que le escucharía, por la bulla que hacían y lo asediaban, le responde "donde", le dijo en los Jazmines del naranjal San Martin de Porres.

Ingreso a su despacho, le dijo a su secretaria, comunícame con el presidente del directorio de electro lima. Le dice "… en 15 días voy a apadrinar una obra en los Jazmines del naranjal". Eso fue suficiente, al día siguiente gran cantidad de camionetas y personal de electro Lima haciendo las pruebas y fue así que logro poner en servicio el sistema de alumbrado público y domiciliario de su asociación de vivienda.

Otra de sus obras fue la de pistas y verdes, lo hizo con apoyo de las maquinarias de cooperación popular, logro que le dieran en préstamo volquetes, motoniveladoras, cargador frontal e incluso logro comprar motor nuevo para un cargador frontal, ponerles parabrisas nuevos a los volquetes, y todo con pura gestión, sin sacarle dinero a su pueblo.

Por todo ello, fue entonces tentado para postular a la alcaldía de Lima, posteriormente a la alcaldía de Los Olivos, como también lo invitaron para postular al Congreso de la República, se hizo muy conocido, tal es así que le invitaban para dar conferencias en otras asociaciones de vivienda y cooperativas, e incluso a la Universidad Villarreal en la escuela de cooperativismo.

Llego a avanzar tanto en política, que llego a ganarse muchos enemigos, lo que le motivo que tenga que salir del lugar donde vivía y se trasladó a la ciudad de Huacho, ya estando en esta ciudad se hizo conocido, no solo por su experiencia sino por facilidad de hacer amigos, llegando a ser convocado como consultor PNUD de la alta dirección del Gobernador Regional de Lima (2015 al 2018).Al año siguiente con el nuevo gobernador fue nuevamente convocado para ocupar un alto cargo público y estando como secretario general, director del archivo regional, director de información pública.

CAPITULO XXII
EL RECONOCIMIENTO

Marvin también fue soldado, y siendo Secretario General del Gobierno Regional de Lima, (año 2019 - 2020) entre los expedientes o solicitudes encontró que un grupo de ex combatientes contra el terrorismo, héroes del Cenepa y la pacificación nacional, habían solicitado que el Gobierno Regional de Lima les reconozca y condecore, conforme lo dispone la Ley.

Pero como los anteriores Secretarios Generales no fueron militares, supone que por eso no le dieron tramite a dichas solicitudes, se identificó de inmediato con sus ex compañeros del servicio militar y dispuso se dé tramite a dichas solitudes, es así que informa al Gobernador de turno, quien sin dudar dispuso se inicie los trámites para su reconocimiento, que además era obligación reconocerlos y dispuso para que se señale fecha y hora para dicho evento.En efecto fue en acto público en la plaza de armas de Huacho, en presencia de todas las autoridades regionales y locales.El Gobernador Regional, reconoció y condecoró a cada uno de los ex combatientes contra el terrorismo y a los que participaron en el conflicto con el Ecuador, no sin antes reconocer aquellos a que fallecieron durante ambos conflictos.

CAPITULO XXIII
EL ABOGADO

Marvin quiere dedicarles este capítulo a sus colegas abogados, diciendo que es una de las carreras profesionales más hermosas, que les permite interactuar con diferentes personas y en especial con los justiciables, policías, fiscales y jueces por supuesto con toda clase de autoridades tanto civiles como militares.

El ser abogado les permite ayudar también a las personas que acuden a ellos en busca de una solución a sus problemas o diferencias existentes con sus antagonistas, muchos de sus colegas, entre ellos se incluye, lejos de beneficiarse económicamente prefieren ayudar de manera desinteresada a las personas que, cada uno ve que no pueden acceder a la justicia, eso es muy gratificante porque reciben como el mejor pago, una mirada angelical y agradecimientos sinceros de sus clientes.

Como abogado dice que muchas veces se siente defraudado, decepcionado y engañado, por algunos malos fiscales y jueces, pues el abogado sabe cuándo un caso se puede ganar y cuando no, pero no pueden atreverse a decirle al cliente el resultado, porque no sabe cómo, tanto el fiscal como el juez lo resolverán, lo peor es que cuando un abogado está plenamente seguro de que a su cliente le asiste la razón y el derecho, el fiscal lo acusa y el juez lo condena, (que desgracia).

Algunos fiscales dicen, ya lo veremos en la audiencia o recurra en queja, es decir ni el mismo está seguro de su accionar, o es que detrás hay algo, y algunos jueces dicen "apele usted, el superior lo revisara", la pregunta es ¿por qué?, y es que ellos se creen todo poderosos y dueños de una verdad incierta o porque se inclinaron a lo ilegal, para ayudar a su amigo, o al abogado de la otra parte a quien favorece.

Pregunto por qué algunos fiscales y jueces, cambian su estado y personalidad, no deben olvidarse que primero son y siguen siendo abogados, el hecho de ocupar un cargo como autoridad no les da derecho a menospreciar a los justiciables ni mucho menos a un colega abogado.Sin antes ponerse en ambas caras de la moneda, a sabiendas que sus cargos son efímeros y más temprano que tarde estarán en la calle, litigando, pregunto tendrán sangre en la cara para mírate a los ojos, después de haber sido un tirano e injusto.

Lo más triste es que algunos fiscales o jueces ni siquiera son titulares sino suplentes, provisionales o supernumerarios y aun siendo titulares, al cabo de un tiempo por equis motivo dejan de serlo, los abogados se cruzan en la calle con alguno de ellos, la verdad no faltan ganas hasta de escupirles la cara o decirles sus verdades, lo único que atinan es agachar la cabeza y caminan avergonzados, por ello que mil veces, Marvin siempre prefirió ser abogado, no obstante que tuvo varias oportunidades para haber sido juez o fiscal pero no postulo, ni acepto designaciones.

Prefiere que todos le saluden con afecto y le guarden el respeto como persona y buen profesional del derecho, pero también claro que hay buenos fiscales y jueces a esos pocos cuando se les encuentra en la calle o en una audiencia lo saludamos con mucho gusto, siempre fueron abogados, amigos, justos y amables.Por ello cito algunos conceptos como: «Urge reivindicar el concepto de Abogado.Tal cual hoy se entiende, los que en verdad lo somos, participamos de honores que no nos corresponden y de vergüenzas que no nos afectan».[1]

"La abogacía no es una consagración académica, sino una concreción profesional.Nuestro título universitario no es de "Abogado", sino de "Licenciado en Derecho", que autoriza para ejercer la profesión de Abogado.Basta, pues, leerle para saber que quien no dedique su vida a dar consejos jurídicos y pedir justicia en los tribunales, será todo lo licenciado que quiera, pero Abogado, no.[2]

«En el Abogado la actitud de la conciencia es mil veces más importante que el tesoro de los conocimientos.Primero es ser bueno; luego, ser firme; después, ser prudente.[3]

---

1 Angel Osorio, "El alma de la toga", pag.13
2 Ángel Osorio, "El alma de la toga", Pág.13
3 Ángel Osorio, "El alma de la toga", Pág.16

«Abogado es, en conclusión, el que ejerce permanentemente (tampoco de modo esporádico) la Abogacía.Los demás serán Licenciados en Derecho.Muy estimables, muy respetables, muy considerables, pero licenciados en derecho, nada más.[4]

«En las batallas forenses se corre el peligro de verse asaltado por la ira, pues nada es tan irritable como la injusticia [...].[5]

«Postulado: que lo que al Abogado importa no es saber el Derecho, sino conocer la vida.El derecho positivo está en los libros.Se buscan, se estudia, y en paz.Pero lo que la vida reclama no está escrito en ninguna parte.Quien tenga previsión, serenidad, amplitud de miras y de sentimientos para advertirlo, será Abogado; quien no tenga más Inspiración ni más guía que las leyes será un desaventurado ganapán.Por eso digo que la justicia no es un fruto de un estudio, sino de una sensación.[6]

Por eso yo sigo insistiendo, nos dice Marvin, no hay como la experiencia aprendida y acumulada con la práctica a través de los años.

«Hay en el ejercicio de la profesión un instante decisivo para la conciencia del Abogado y aun para la tranquilidad pública: el de la consulta.El letrado que después de oír al consultante se limita a preguntarse "¿Qué dice la ley?", corre mucho riesgo de equivocarse y de perturbar la vida ajena.Las preguntas introspectivas, origen del consejo inmediato, han de ser estas otras: "¿Quién es este hombre que me consulta? ¿Qué se propone íntimamente? ¿Qué haría yo en su caso? ¿A quién dañaría con sus propósitos?".En una palabra: ¿Dónde está lo justo? Resuelto esto, el apoyo legal es cosa secundaria" [7]

Esto encaja perfectamente no solo en los abogados, sino también en los fiscales y jueces y solo así no desgraciarían la vida de una persona inocente, tan solo por una presunción, y por una pésima investigación sesgada.

Finalmente, Marvin dice, que no entiende porque, algunos abogados cuando son investidos de algún efímero poder se transforman, convirtiéndose en enemigos y tiranos de sus

---

4 Ángel Osorio, "El alma de la toga", Pág.16
5 Ángel Osorio, "El alma de la toga", Pág.19
6 Ángel Osorio, "El alma de la toga", pág.22.
7 Ángel Osorio, "El alma de la toga", pág.23.

propios colegas y de la sociedad, será porque han tenido una pecina formación familiar y una mala enseñanza en las aulas universitarias.

Muchos jóvenes terminan su carrera de abogados y salen a ejercerla, y se encuentran con esta triste realidad, algunos nadaran en contra de la corriente de esta casta enquistada, y otros simplemente se alinearán, para conservar su empleo, los más dignos renunciarán.

Considero que un buen abogado en aplicación del código procesal penal o civil o la ley en general, debe asesorar a su cliente o defendido, para que en caso sepa o es consciente que ha cometido delito acepte su delito, y se acoja a la confesión sincera, a la terminación anticipada o al principio de oportunidad, pero no pretender defenderlo dándole falsas esperanzas de lograr su inocencia a sabiendas que es culpable.Salvo que el abogado este plena y totalmente convencido de que su cliente es inocente, en este caso debe luchar por su absolución y proclamar su inocencia.

Los clientes, culpables o no, cifran sus esperanzas en los abogados confían en ellos, se sienten protegidos, anhelan justicia más aun cuando saben que son inocentes y si se trata de casos civiles, el buen abogado debe de proponer la conciliación entre las partes, como dice ese pensamiento muy conocido, "más vale un mal arreglo que un bien juicio", Marvin dice que ha podido comprobar muchos casos en la vía civil que, por capricho de algunas de las partes no quieren llegar a un acuerdo conciliatorio o extrajudicial, prefieren entramparse en lagos procesos que duran más de 20 años.

El dolor más profundo que siente un abogado, es cuando esta frente a un fiscal o juez petulante, que se cree el dueño de la verdad, se aprovechan del poder que ostentan para en algunos casos humillar a humildes personas, y cuando el abogado alza su voz de protesta le amenaza con multarlo o informar a su colegio profesional.

CAPITULO XXIV
EL DIRIGENTE VECINAL, SINDICAL.EL LÍDER

Marvin en su calidad de luchador social, también quiere dedicarles un capítulo a esos hombres y mujeres, que encabezan alguna agrupación social; El auténtico luchador social es aquel que, es capaz de convencer, dirigir, y conducir grupos humanos sin el mayor esfuerzo, pregonando con el ejemplo, y sirviendo de guía con el único propósito de encontrar solución a los problemas de sus seguidores, o población que representa, tiene una capacidad autentica que nace con él lo lleva en el alma, esto fue y quizás lo seguirá siendo, una constante discusión, no solo en las aulas universitarias, sino en otras esferas.

Marvin, siempre ha dicho y lo sostiene, el liderazgo es un don, una virtud, una cualidad, que es propia de la persona, se nace líder, otra cosa es que se le descubra y se le cultive, pero no se puede decir que se le enseña a una persona a ser líder, escuela de liderazgo no existe, será otra cosa, pero no la creación de líderes.Al líder no se le forma, se le descubre pues es nato.

Un dirigente sindical, un dirigente vecinal, un congresista, un presidente de la república, un alcalde, un gobernador o cualquier persona que ocupa un cargo directivo sea por designación o elección popular,   ¿serán líderes?, pues habrá que verlos en la cancha, claro está que a cualquiera lo pueden elegir para ocupar un cargo político o público o directivo o dirigencial, pero lo que no sabemos es, si será un auténtico líder, de pronto no pasara de ser un simple dirigente o jefe o de pronto un caudillo, un afortunado por haber ganado una contienda electoral, pero no por sus cualidades de líder, sino porque invirtió dinero para convencer a las personas para que voten por él.Entonces nunca fue ni será un líder.

El líder no ordena, no grita, sino más bien escucha, acepta opiniones, es dialogante, pide favores y tiene seguidores por convicción.Los demás serán caudillos o simples directores o jefes, no tendrá seguidores sino subordinados.

Por ello su aprecio y homenaje a todos aquellos luchadores sociales, que se pasan su vida luchando para lograr el bienestar de su pueblo, y muchas veces incomprendidos, por lo general, ignorados por nuestras autoridades.Conoce a vario nos dice Marvin, entre ellos por ejemplo, los de la comunidad campesina de aucallama en Huaral, los de la ciudad satélite de huacho, entre otros.

Muchos dirigentes vecinales y sindicales han sido encarcelados injustamente, por el solo hecho de pretender hacer valer el derecho de su pueblo o agremiados.El auténtico líder, es aquel que sabe conducir a su pueblo, encontrar solución a sus problemas, sobre todo saber tomar decisiones en el momento oportuno o preciso, y no vivir esperanzado en sus autoridades.

Aquí algunas premisas para los líderes:

«¿Por qué es tan difícil enfrentar los problemas con una actitud positiva? Por la distancia entre usted y el problema. Imagínese que usted va en patines, remolcado por un auto.Si la cuerda entre usted y el auto es muy corta, no vera con anticipación los baches de la pista, y se golpeara.En cambio, si usted es remolcado por un auto con una soga más larga, vera los baches y podrá esquivarlos.Lo mismo ocurre en la vida.Mientras más distancia tomemos y más soga pongamos entre nosotros y los problemas, podremos tener libertad para escoger nuestras respuestas y evitar los golpes emocionales de la vida.[8]

«Los pensamientos negativos son como la picadura de un mosquito.Mientras más nos "rascamos", los pensamientos negativos, más nos provoca seguir haciéndolo, y cada vez nos hacemos más daño.[9]

«Anthony de Mello cuenta que Dios estaba molesto con la raza humana y quería esconderse de ellos, convocó a un consejo de ángeles para que le sugirieran escondites.Uno le sugirió el Everest, el monte más alto del mundo.Otro le sugirió el lado

---

8 David Fischman "El espejo del líder", pág.77
9 David Fischman "El espejo del líder", pág.97

oscuro de la Luna.Finalmente, el ángel más inteligente le sugirió que se escondiera en el corazón del ser humano.Allí, le explicó, nunca lo van a encontrar.[10]

Líder no es aquel que conduce a sus agremiados y sale a las calles a protestar, cerrando carreteras, quemando llantas, tirando piedras, etc, ese será un simple agitador.

«Cuentan que, en la antigua China, el emperador mando a llamar al gobernador de una provincia a quien planeaba quitarle el puesto, por los malos comentarios que había escuchado de su gestión.El gobernador le rogó al emperador que le permitiera quedarse un periodo más en el cargo, que había aprendido en esos tres años y que iba a cambiar.El emperador acepto.Al finalizar el siguiente período de gobierno, el emperador solo escuchaba maravillas acerca del gobernador.Lo mandó llamar y le dijo: voy a premiarte por tu excelente gestión.Pero el gobernador le respondió: su majestad, no merezco el premio.En mi primer gobierno fui integro, no recibí coimas de personas influyentes, seguí las reglas y políticas cuidando los intereses del reino.No cedi ante presiones de la realeza.Pero a usted le hablaron mal de mí.En el segundo periodo, hice lo contrario.Acepté coimas e influencias y satisfice todas las demandas de la realeza, aun cuando iban en contra de los intereses de su majestad.El resultado fue que le hablaron maravillas de mi gestión.Cuentan que el rey le pidió disculpas al gobernador y lo ascendió a primer ministro.[11]

"Vivir sobre la base de valores implica, muchas veces, sacrificar beneficios en el corto plazo. Cuando uno vive sobre la base de valores, termina no siendo popular".[12]

---

10 David Fischman "El espejo del líder", pág.121
11 David Fischman "El espejo del líder", pág.139.
12 David Fischman "El espejo del líder", Pág.139

CAPITULO XXV
UNA REFLEXIÓN

Después de haber leído en forma pausada y reteniendo en su memoria, quizás los puntos que más le impactaron, usted mismo podrá darse cuenta que a pesar de todo lo que se pregona por parte de todos los gobernantes, todo sigue igual hasta a veces peor.Vivimos aún en un mundo donde persisten el odio, la venganza, la codicia, la envidia, el egoísmo, la corrupción (coimas), el canibalismo social, la desigualdad, el menosprecio, las injusticias los abusos, por la vida del más pobre y oprimido, pues todavía se aplica la "Ley de la selva", la opresión del hombre contra el hombre.

La Ley del poderoso, del más fuerte.En el Perú de hoy rige aquello que el dinero y el poder lo puede todo, y "el que no tiene padrino no se bautiza".En mi primer libro ("El sueño de la casa propia", 1995) ya lo dije, si todo continua así, Dios no quiera pudiera rebrotar el terrorismo u otra forma de reivindicación de los derechos sociales, porque las mismas autoridades lo están permitiendo, allí tenemos el caso ODEBRECHT, donde están implicados altos funcionarios del gobierno, tenemos un sistema en donde hoy todos hacen lo que mejor les parece, es un total desgobierno.Se reiniciaron los abusos policiales, fiscales, en las instituciones públicas en general, hospitales y judiciales; ojo como dicen "no hay mal que dure cien años ni cuerpo que lo resista".No nos olvidemos que ya lo dije, precisamente el terrorismo es producto de todas las cosas que nuevamente se está dando, apenas se pacificó el Perú, comenzaron de nuevo con lo mismo.

Marvin nos dice que si se atreve a decir todo esto es porque se siente con la suficiente autoridad y fuerza moral, en razón de que no solamente ha vivido en carne propia, sino que como abogado ha palpado y vivido, todas las injusticias y los atropellos por parte de los malos funcionarios y autoridades.Después de lo que le pasó (sólo defender su propiedad y hacer valer el derecho de los demás) puede afirmar que, como persona común, como cualquiera de todos ustedes, somos susceptibles de cometer cualquier error por ignorancia, que, para un mal policía, un mal fiscal y un mal juez constituyen delitos.

Mucha gente incurre en errores sin saberlo, e inconscientemente van presos.Desde que un denunciado llega a una comisaría, allí comienza precisamente su calvario, algunos fiscales y jueces "inexpertos", que confían demasiado en sus técnicos y se refugian en el derecho positivo, simplemente firman las acusaciones y dictámenes, sin haber investigado previamente se formulan acusaciones a personas en muchos casos inocentes, y son condenados, constituyéndose la fiscalía, como ya lo dije, en una mera mesa de partes que no investiga, sino que únicamente tramita las denuncias, en contra de inocentes como Marvin.Es por ello que en aquel entonces el añoraba y desea que algún día en el Perú se instaurara un nuevo Sistema Procesal Penal.

Qué curioso, once años después de la publicación de su primer libro se inicia en Huacho, en el año 2006, la aplicación del nuevo Código Procesal Penal, con el que vuelve a respirar, como ya lo dijo líneas arriba, este nuevo Sistema Procesal Penal, es más garantista ya no se duplica la investigación, ahora es el fiscal quien realiza toda la investigación tiene la facultada de archivar o denunciar e incluso de retirar su denuncia, pero aún no es suficiente, pues no se aplica una autentica justicia.

Quiero decirles que, después de tantas denuncias del que fue objeto, estando al lado de tan grandes maestros en derecho, como vocales superiores y supremos, jueces y fiscales, opto por cambiar de carrera y dejo la Psicología para estudiar DERECHO, hoy es ABOGADO especialista en Derecho Penal, pero hizo una maestría en Gestión Municipal y Desarrollo Local, en la Universidad Federico Villarreal, y dada a su experiencia también en la parte del Derecho Administrativo, momentáneamente ejerció el cargo de Secretario General del Gobierno Regional de Lima, (2019-2020…) no sin antes también haber ejercido el cargo de consultor PNUD, en el periodo (2015 al 2018).Será porque es malo o bueno, considero que para ejercer una función pública no se debe de tener en cuenta la filiación o simpatía política, sino más bien la capacidad técnica y profesional.Hay quienes estigmatizan a las personas y los desperdician, por esa equivocada idea de que "él o ella es de tal o cual partido o grupo o trabajo con tal o cual gobernador u alcalde", no los contraten, no les tengan en cuenta, vótenlos, etc.Error, error. (Gobernador de Lima, periodo 2019 – 2022).

Pero hay algo que me olvidaba, pensando en que tenía que hacer algo para tratar de cambiar este sistema, Marvin se atrevió a postular al Congreso de la República, en el año 2006, pero como siempre los electores no saben elegir y llegan al congreso los que no deben y no llegan los que, si deben, allí tenemos a nuestros congresistas por Lima provincias que no hacen ni hicieron nada por nuestra región.

En cada campaña electoral los políticos se acuerdan de los dirigentes, para utilizarlos a fin de que motiven a sus asociados para que apoyen, a un determinado candidato o persona, luego de ocupar un cargo simplemente se olvidan nuevamente del pueblo que los eligió, por eso se permite proponer lo siguiente: modificar algunos artículos de la Constitución, rebajar el número de congresistas y sus sueldos, reducir el número de ministerios, rebajar sueldos a los ministros y altos funcionarios mientras que podamos estabilizar nuestra economía nacional, aumentar el presupuesto para la educación y salud, fortalecer las regiones y los gobiernos locales, reducir el aparato burocrático en las FF.A.y Policía Nacional, para aumentar los sueldos a los maestros y personal subalterno de la PNP y FFAA entre otros servidores del Estado, construir más colegios y hospitales, modificar el sistema económico del país, no más compras innecesarias como patrulleros costosos, haciendo que el gobierno participe activamente en el desarrollo económico, como copartícipe con la empresa privada, creando más empleo.

Ya no más exportación de materia prima, crear fábricas ensambladoras aquí, para no volver adquirirlos con un valor agregado, des tugurizar e industrializar las cárceles previa firma y aceptación de los presos a no delinquir más, de lo contario regresan a la cárcel para salir pero en sus respectivos ataúdes, como ya lo han hecho en otro país, solo así lograremos erradicar la delincuencia; cárcel para jueces, fiscales y policías que delincan y maltraten a los ciudadanos, se les debe hacer un juicio sumario y su destitución, la policía debería depender del ministerio de defensa.

Todos los peruanos ya estamos cansados de tanta injusticia, miseria o pobreza y desigualdad, mientras unos pocos continúan haciéndose más ricos y las grandes mayorías cada vez más pobres.Necesitamos un gobernante con HUEVOS.Ah.Seguramente usted dirá que estoy loco, quizás para usted, pero no olvidemos que solo los locos somos capaces de solucionar problemas de la manera más rápida y práctica, sin burocracias.

No puede dejar de mencionar otro caso, en que le tocó ser abogado patrocinante, se refiero al Asentamiento Humano "Toma y Calla", ubicado en el distrito de Santa María. en Huacho, Este es otro caso que es digno de inscribirlo en los Records Guinness, resulta que el año de 1994, estando vigente la Ley N° 24513, "Ley General de Asentamientos Humanos", fueron reconocidos por el municipio provincial de entonces, no sin antes haber efectuado una búsqueda en los Registros Públicos, para cerciorarse si existía alguna persona con derecho inscrito, el registrador responde diciendo que no existía ninguna persona inscrita en dicho predio, por lo que el municipio lo in matriculo a su nombre, es decir lo inscribió por primera vez a su nombre y le crean la ficha 1067.

Posteriormente aparece otra persona aduciendo que el predio lo había heredado de su padre, y solicita al municipio la nulidad del reconocimiento del asentamiento humano, pero no presenta ningún documento que acredite ser la heredera del predio ni documento que acredite que su padre era el propietario.

No contenta demanda ante el Poder Judicial de Huacho, la nulidad del acto jurídico, demandada que fue archivada por falta de impulso procesal.

Nuevamente demanda pago de mejoras, y lo hace en contubernio con el dirigente de turno, exigía el pago de mejoras por las obras que las habían ejecutado tanto el municipio como el Gobierno Regional (obras de agua, desagüe y luz), finalmente, ambas partes dentro del proceso concilian en el sentido de que el asentamiento humano le pagaría a la accionante por el valor de los terrenos, no siendo el asentamiento humano la propietaria sino el municipio, la demandante, a cambio se compromete en no continuar con las demandas. De esto nunca comunicaron a la municipalidad, es decir lo hicieron a escondidas, a ocultas. El señor juez les da la razón, qué raro, ¿verdad?

Luego de haber obtenido una sentencia amañada, esta persona nuevamente demanda REIVINDICACIÓN, acción que también lo ganó todo en contubernio con el dirigente de entonces, pero el error que cometieron fue que la accionante demanda tan solo al dirigente y no a cada posesionario ni mucho menos a la auténtica propietaria es decir la municipalidad, desde que se dio esta sentencia han transcurrido más de 20 años hasta hoy no la puede ejecutar.Habiendo no solo prescrito sino caducado y que creen, ningún juez quiere pronunciarse al respecto. Es más, la demandante ha dejado de existir sin haber concluido el proceso y lo continúan sus herederos.Otro error del juez?.

No contenta con ello demanda nuevamente en el año 2004, mejor derecho a la propiedad y nulidad de ficha registral, para ello recién presenta una ficha en donde figuraba que la accionante era la propietaria, la ficha registral 319 (bis), la pregunta ¿por qué bis?, pues por una sencilla razón, uno de los registradores le hizo el favor de inscribirlo con fecha atrasada utilizando la ficha de otro asentamiento humano que había quedado suspendida, cuyo título archivado lo desparecieron.

Desde que se inició la demanda el año 2004, después de haber ganado en cuatro oportunidades, los miembros de la Sala Superior, declara nula la sentencia para que otro juez emita nueva sentencia, cuando todo esta tan claro, ustedes pregúntense qué interés tienen estos vocales, y mientras tanto esta pobre gente no puede construir sus viviendas (año 2022), un proceso que ya tiene más de 18 años.Qué vergüenza señores jueces.Incluso en la última audiencia el propio perito admite haber confeccionado el plano perimétrico a favor de la demandante y los datos los copio del plano elaborado por el propio municipio. Como la ven, ni así el juez se pronuncia.

Nos preguntamos cuántos asentamientos humanos, cuantas asociaciones deben estar pasando injusticias mientras que todos los alcaldes pasan y pasan y van dejándolos sin solucionar los problemas.Pero si se acuerdan de ellos en cada proceso electoral.

Marvin Rinde un homenaje y admiración a todos los dirigentes de las diferentes organizaciones vecinales y sociales (comedores populares, vaso de leche, asociaciones, AA.H. cooperativas, sindicatos, etc., que luchan por su pueblo u organización, en muchos casos no logran conseguir el apoyo de las autoridades, la labor dirigencial es una labor incomprendida, tan solo se acuerdan de lo malo pero no reconocen el sacrificio que resulta ser un buen dirigente, como le paso a Marvin, se olvidó de su familia por luchar por el bienestar y progreso de su pueblo, muchas veces gastando su propio dinero para pagar sus pasajes y alimentos.Pero para el sinvergüenza que está acostumbrado a vivir a costa del sacrificio de otros, solo saben criticar, se llenan la boca diciendo que los dirigentes son ladrones.Antes de terminar este capítulo Marvin nos die que ya había dejado de patrocinar aquel AA.H, y en el mes de Septiembre de 2022, otro juez amigo y compañero de aula del abogado de la otra parte, aun cuando todos los anteriores le dieron la razón, ha emitido su sentencia en contra del AA.H.lo que ocasiono la muerte por un paro cardiaco de su dirigente, al verse perdido y decepcionado de la justicia peruana..

CAPITULO XXVI
LA PANDEMIA EL COVID 19 Dic.2019

Considero necesario escribir un poco de lo que en todo el mundo ocurrió (2020 y 2022).Estando en las postrimerías o mejor dicho terminando de escribir este pequeño libro, a finales del mes de diciembre del 2019, el mundo entero toma conocimiento que, en una provincia de la República de China, Wuhan, específicamente, una persona se había contagiado con un virus, que ellos lo denominaron Coronavirus o COVID-19.(Diciembre del 2019).

Nadie, ningún país del mundo se detuvo en pensar lo que podía ocurrir, cuando de pronto este virus comenzó a propagarse por varios países, debido a la migración o movimiento turístico y comercial.

De pronto las noticias informaban que había llegado a España, Italia, Brasil, etc.Algunos presidentes no le daban la importancia que esta revestía, lo consideraban como "simple gripecita", etc.

En el Perú, aun no teníamos ningún contagiado, y el presidente Vizcarra tomó las primeras medidas, dispuso la inmovilización social a partir del 16 de marzo del 2020, es decir nadie debía de salir de sus domicilios sino por urgente necesidad, es decir nadie sino una sola persona por casa o familia podia ir al mercado, a los hospitales, bancos, farmacias. Se cerraron todos los negocios, absolutamente todos.

Se suponía que esta duraría solo 15 días, pero a diario el presidente y sus ministros informaban los avances, pero antes de concluir los primeros 15, días, se detectaron los primeros contagiados, dispuso el cierre de fronteras, no habían salidas por avión ni carretas ni barcos, mucha gente se quedó varada en deferentes países y en algunas provincias en el Perú.Se dispuso el uso obligatorio de mascarillas o tapa boca, luego adicional a ello unas micas llamados protector facial para el uso dentro de los vehículos de transporte público.

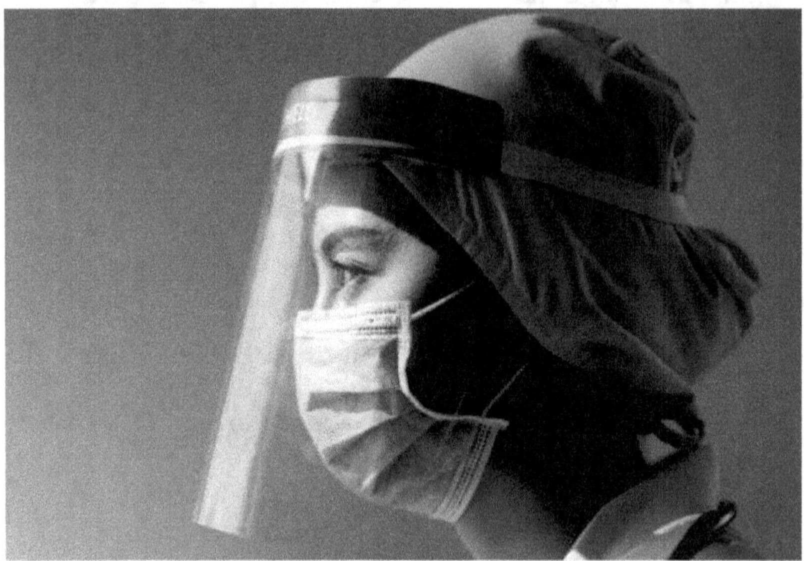

Todos los días se veía en las noticias a muncha gente morir solos en sus casas, o cuando estaban caminando, era algo que no se podía creer, la mortandad era tal que los cadáveres estaban tirados en las calles, o apilados como si fueran mercaderías envueltos en bolsas negras, en los pasillos de los hospitales; gente que quemaba a sus seres queridos en la vía pública, con o sin ataúd (Ecuador por ejemplo), era totalmente horrible, nunca antes visto y en todos los países los cementerios y hospitales colapsaron, al comienzo nadie quería acercarse a un cadáver, ni la policía, ni los médicos, pues aun no contaban con los protocolos de bioseguridad y menos con la indumentaria necesaria.

Los hospitales colapsaron.Faltaban camas, ventiladores mecánicos, oxígeno para ayudar a respirar a los pacientes.Posteriormente en el Perú se decretó el toque de queda es decir nadie debía salir de sus domicilios a partir de las 18:00 horas hasta las 05:00 horas del día siguiente.Posteriormente se fue flexibilizando.

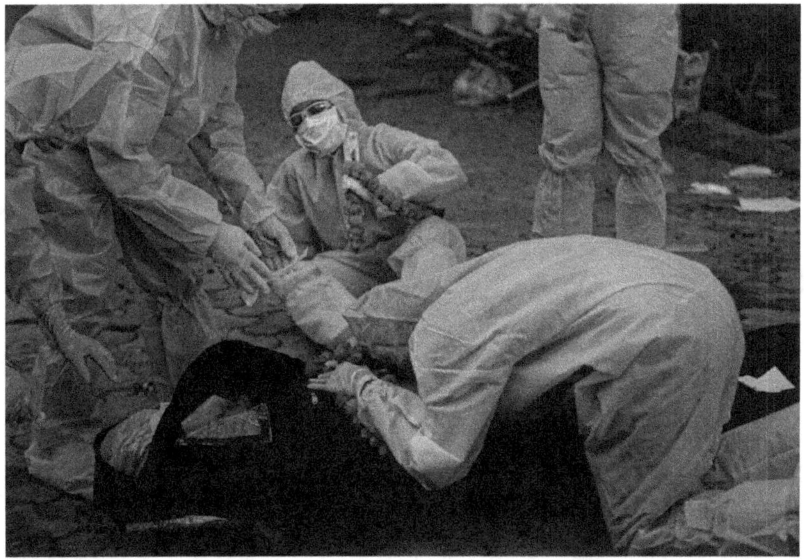

Sus labores el personal de salud, los policías y militares y los funcionarios que sean necesarios, los demás todos encerrados en sus casas.

Por lo que el presidente dispuso que se prologara la inmovilización social del 16 de marzo, que luego fue ampliada hasta el 24 de mayo del 2020.Luego de varias ampliaciones (hasta el 30 de junio del 2020) con el propósito de frenar el avance de contagiados y más muertes, nunca antes visto en la historia de la humanidad, de estos tiempos, esto debido a la falta de responsabilidad de las personas que lejos de quedarse en sus casas salían, exponiéndose al contagio, para después seguir la cadena de contagios.

Finalmente, el distanciamiento social, las prohibiciones de salir de casa, la restricción de asistir a sus centros de trabajo, el cierre de negocios y empresas, la pérdida de empleo, etc.Se extendió todo el año 2020 y 2021, a la espera de la llegada de la primera vacuna anti covid 19.Todas las reuniones de trabajo, sociales, políticas y el dictado de clases en los colegios y universidades se efectuaron a través de internet.Por último el presidente Vizcarra antes de su destitución prolongo el aislamiento social hasta el mes de Julio del 2021.

El gobierno de Perú, para poder ayudar a las familias que no contaban con trabajo o un sueldo por haberlo perdido producto de la inmovilización social, entregó subsidios económicos a las familias de escasos recursos, distribuían alimentos, de casa en casa. Se pudo comprobar que esta enfermedad ataca a todos sin distinción, hasta los países más poderosos del mundo sucumbieron, como los Estados Unidos, Rusia, España, Italia, Brasil, etc. es tan penoso que sus deudos están impedidos de poder asistir a sus exequias, no se les permitía ni siquiera velar a sus seres queridos.

No solo el Perú, sino en todo el mundo, miles de personas se quedaron sin empleo, muchos negocios y fabricas quebraron por la inactividad comercial, dieron medidas para reducir personal no solo en las empresas privadas sino también en el sector público.Mientras tanto; Los más sacrificados fueron los médicos, obstetras, enfermeras y técnicos en enfermería, que no podían dejar de asistir a sus labores, no solo poniendo en riesgo su salud y sus vidas, sino también el de sus familiares, al igual que el personal policial y militar.

Aquí Marvin rinde un homenaje a su esposa, que pudiendo acogerse al Decreto Supremo que dispuso la no obligación de asistir siempre que tengan más de 60 años, o acogerse a la suspensión perfecta, es decir solicitar licencia, su esposa prefirió a sus pacientes, ella al igual que sus colegas estuvieron firmes durante todo el tiempo que duro esta pandemia, incluso muchos médicos y personal de la salud también murieron estando atendiendo a sus pacientes, Marvin rogaba a Dios, todos los días para que proteja y cuide a su esposa al igual que a sus colegas y compañeros de labores en todos los hospitales del país y del mundo.Nos comenta.

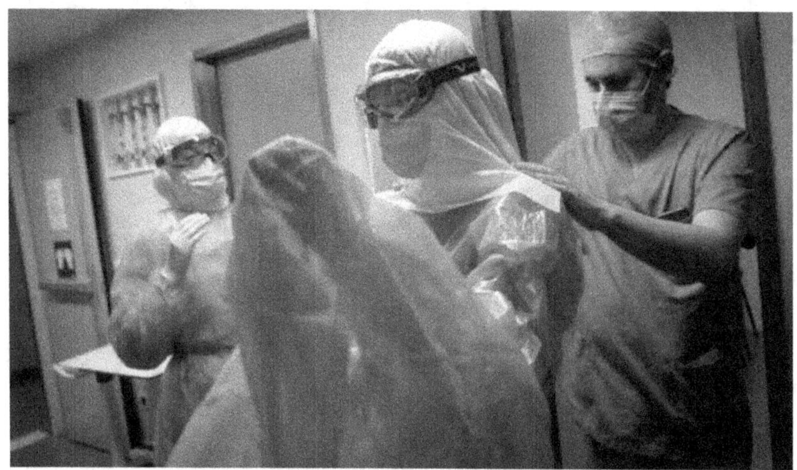

Se dice que por más medidas que los gobernantes adopten, esta enfermedad durara hasta que logren encontrar la vacuna que ponga fin a la expansión de este virus, siendo las recomendaciones evitar las reuniones, los saludos dándose la mano o con besos en la mejilla, todos caminar con mascarilla (barbijo), lavarse las manos con agua y jabón, hacer gárgaras con bicarbonato o sal, no tocarse los ojos ni la boca, etc.Tanto así que nos acostumbramos a vernos con la mitad de la cara cubierta y ver a alguien sin mascarilla parecía extraño.(Parecíamos caballos con bozal)

Las cifras de muertos fueron alarmantes, que ni en una guerra convencional se ha podido ver, y sin haber disparado una sola bala o proyectil, (guerra bacteriológica), Hay quienes especulan respecto a la aparición de este virus, algunos dicen que fue creado en laboratorio y fue experimentado en Wuhan, China, otros dicen que ese virus iba a ser implantado en Brasil, lo cierto es que de ser así, si lo crearon o no en un laboratorio, lo que debieron hacer primero antes de; era tener su antídoto o vacuna.Pero no lo hicieron, y está matando mucha gente sobre todo a personas mayores y a niños, con bajas defensas.

Producto de la pandemia, muchas personas se quedaron varados en diferentes partes del país y del mundo, no podían retorna a sus domicilios, todos querían retornar a sus lugares de origen, debido a que se quedaron sin nada que comer, ni donde dormir, pues al haberse decretado la inmovilización social y la prohibición de todo tipo de comercio, gran cantidad de personas se quedaron sin trabajo, y optaron por trasladarse a sus pueblos caminando.

Madres con bebes en brazos, nunca antes vimos llorar tanto a hombres como a mujeres, por la impotencia de no poder saciar la sed ni el hambre de sus hijos, ni poder salvar a sus familiares, esposas dándole respiración de boca a boca con sus moribundos esposos, por la desesperación de no encontrar una cama uci o administrarle oxígeno, hijos a sus padres o madres o abuelitos, olvidándose que también podían ser contagiados, etc. vimos llorar a policías y empresarios.Era aquí en donde podíamos comprobar, la humanidad de algunas personas que todavía podían contar con algún recurso, y donaban alimentos a las personas de menos recursos, tanto empresarios y personas, entre ellos Marvin se sumó y llevo alimentos a algunos asentamientos humanos de Huacho, con el apoyo de sus compañeros de trabajo de la Secretaría General del Gobierno Regional.

Debido a los reclamos de mucha gente que ya no tenían que comer ni donde dormir, pedían retornar a sus domicilios de origen, el gobierno nacional dicto medidas para que los gobiernos regionales puedan trasladar a sus pobladores a su lugar de origen.

En ese contexto el gobernador regional de Lima, designo como coordinador general regional a Marvin, para poder iniciar las acciones necesarias a efectos de poder trasladar a los ciudadanos que se inscribieran previamente en el portal web, señalando el lugar en donde se encontraban y a donde deseaban ser trasladados.

Lo que motivo su participación activa, logrando trasladar a muchas personas a las ciudades de Cajatambo, Yauyos, Cañete, Huaura, Oyon, Huarochiri, etc.Previamente se solicitaba a INDECI la autorización para que autoricen el transporte de unidades, previamente se les pase la prueba rápida, ellos ponían los vehículos.En este caso los choferes vestían atuendos especiales y se desinfectaba con líquidos especiales toda la unidad de transporte.

Pero dado a la demora debido a la gran cantidad de solicitudes a nivel nacional, indeci (Instituto de defensa civil) se demoraba, mientras que las personas exigían su pronto traslado, por ello a sugerencia de Marvin el gobernador de entonces, dispuso que el Gobierno Regional de lima, contratara directamente los vehículos y el análisis de las pruebas rápidas, con esta decisión, se efectivizó los traslados de manera mucho más rápida.

Mientras tanto, las cifras de muertos y contagiados en todo el mundo, continuaba, la gente, con la desesperación de llegar a sus lugares de origen caminaba noche y día, cargando sus equipajes y sus bebes en sus espaldas, muchos de ellos contagiados y desde luego al llegar a su destino contagiaban también a sus vecinos.que a inicios tenían cero contagiados, por ello la población se organizaba colocando tranqueras en los lugares de ingreso para evitar que personas que no tenían autorización para viajar no pudieran ingresar a sus pueblos natales.

Dentro de las ciudades se bloquearon las calles restringiendo el libre tránsito vehicular, en los mercados colocaban dispensadores para desinfectarse antes de ingresar, a inicios le rociaban lejía en todo el cuerpo, pero se dieron cuenta que era perjudicial lo cambiaron por alcohol.

Para frenar el avance de los contagios en todas las ciudades se habilitaron locales, como centros de aislamiento para albergar a los contagiados, luego de pasar varios días previa evaluación médica se les daba de alta.

La cifra de contagiados y muertos lo pueden ver a través del internet.Pero lo que si no se borrara de la mente es haber podido ver en la televisión, como algunas personas de pronto estaban caminando o estaban parados, se desplomaban morían al instante, todos miraban horrorizados y se corrían de pánico, por temor al contagio, esto parecía algo así como lo ocurrido en los años de Cristo con los leprosos.

Dentro de toda esta gran desgracia en el Perú, los más beneficiados, fueron los dueños de los bancos, las farmacias, los supermercados, las empresas prestadoras de servicio de luz y agua, teléfonos, televisión, los grandes productores de aves entre otras.Los grandes laboratorios, quienes lejos de rebajar el precio de los medicamentos y productos lucraban con el dolor del pueblo, incrementado el precio de los medicamentos.

No solo porque, ellos nunca dejaron de atender o laborar, sino porque además como siempre buscando de donde sacar más ventaja, como el otorgado por el gobierno nacional el programa "reactiva Perú".Se llevaron la tajada más grande, beneficiándose con grandes cantidades de dinero.

Durante el periodo que duro esta pandemia, muchas empresas quebraron, despidieron a sus trabajadores, de igual manera el propio gobierno, despidió a gran cantidad de trabajadores, dejaron de atender de manera presencial, lo hacían de manera virtual es decir a través de mesa de partes virtual, para evitar ser contagiados.

No puedo dejar pasar también, que en los primeros meses de esta pandemia, miles de personas a nivel nacional dormían en las calles, esperando se les venda un balón con oxígeno.

Estando ya por el mes de setiembre del 2020, en plena pandemia, un grupo de parlamentarios solicitaron la vacancia o destitución del presidente Vizcarra, pero que finalmente el pleno del congreso lo desestimó, no conforme con ello otro grupo de congresistas liderado por el eterno secretario general (poner su nombre seria hacerlo famoso), del partido Unión por el Perú, que fuera fundado por el Dr.Javier Pérez de Cuellar, nuevamente presento otro pedido de vacancia en el mes de Noviembre del año 2020, aduciendo incapacidad moral permanente, pedido que fue admitido a trámite y el 10 de Noviembre del 2020 el pleno del congreso, a escasos 8 meses para que concluya su mandato, decidió vacar es decir destituir al presidente Vizcarra del cargo de Presidente de la república.

Acto muy controversial, y se nombró interinamente como nuevo presidente de la república al presidente del congreso Sr. Manuel Merino de Lama, una persona sin profesión que había ganado las elecciones para representar en el congreso a la Región de Tumbes, con un poco más de 5000 votos, hecho que motivo la salida a las calles de miles de personas en protesta por la forma cómo los congresistas lo habían hecho.

Ese mismo día asumió el cargo de presidente, y designo como su presidente del consejo de ministros al abogado Antero Flores Araos, hombre destacado en política, y se suponía con mucha experiencia para dar solución a los dramáticos problemas por las que atravesaba el país.

El día 13 de Noviembre en un medio de televisión fue entrevistado, es decir al día siguiente de la juramentación del nuevo gabinete ministerial, entre las peguntas formuladas por los periodistas fueron, ¿qué opinaba sobre la reacción de las personas que a nivel nacional y mundial habían salido a las calles para protestar como una muestra de su desacuerdo por la designación del nuevo presidente y del suyo?, dijo, "…no lo sé, no los entiendo, díganme por favor que debo hacer ayúdenme, soy abogado no sociólogo…", a la pregunta ¿no se imaginaron las consecuencias de este acto?, respondió "…nadie puede saber que puede ocurrir mañana…", (cuando era evidente que todos sabíamos lo que se venía pero él no sabía), otra pregunta del periodista ¿qué opinaba sobre el pedido de la devolución de los aportes a la AFP y ONP?, dijo, que "…no hay dinero para pagar a los pensionistas los fondos del estado estaban vacías, algo hay que hacer…".(¿Ese era el ministro que iba conducir los destinos de Perú por 8 meses?).Pregunto porque nadie quiere meterse con los jubilados de las FF.A y PNP, para ellos si hay dinero para seguir pagándoles su pensión con todo derecho claro está, pero pregunto de donde sale ese dinero, no es acaso similar, a ellos también les descuentan de su sueldo, quien lo administra, no es el gobierno acaso, entonces porque esa diferencia.

Todo esto ocurre porque siempre eligen a personas ineptas y en algunos casos sinvergüenzas que llegan al congreso para defender sus intereses o de grandes empresas que le deben al Perú, etc.Muy raras veces se eligen a personas del pueblo con amplia trayectoria social y moral.Mientras los congresistas solo se protegen entre ellos y continúa la corrupción y las pésimas administraciones públicas.

Urge encontrar salidas legales para evitar que sean elegidas personas sin trayectoria moral, para Marvin los pre candidatos deben ser elegidos previamente por votación popular en sus barrios o Distritos, sean o no militantes de un partido político, luego recién serán candidatos para ser elegidos por sus regiones o departamentos, recién integrando filas o padrones de los partidos políticos, para evitar los cobros y acomodos, como ha ocurrido siempre, cuanto pagas y te ubico en el mejor lugar, tengas o no formación profesional o arraigo vecinal solo importa el dinero o el padrino.Lo mismo a los futuros presidentes como en los Estados Unidos.Por eso tenemos esta clase de políticos, que no solo dan pena sino rabia.

Es una lástima que el Perú, tenga tan mala suerte por decir algo, en materia política, desde que él se acuerda, el Arquitecto Fernando Belaunde Terry, presidente por Acción Popular, su periodo presidencial fue interrumpido el 03 de Octubre de 1968, por un golpe de Estado, encabezado por el Gral.Div.EP. Juan Velasco Alvarado,

Continúo en el gobierno militar el Gral.Div. EP Remigio Morales Bermúdez en 1974 a 1980.Quien convoco a elecciones generales.Previamente convoco a la asamblea constituyente a fines del año 1977, siendo elegido como su presidente don Víctor Raúl Haya de la Torre, líder del partido aprista peruano, (1978 a 1979).

Luego los peruanos le dieron otra oportunidad al Arq.Belaunde quien terminó su mandato dejando ad portas de una crisis económica y la sub versión iniciada por Abimael Guzmán (1980 – 1985), continuo Alan García Pérez con su famosa híper inflación, producto de un gobierno populista y poco responsable, (1985 – 1990).

Continúo el Ing.Alberto Fujimori, quien también huyo del Perú para refugiarse en su tierra natal Japón y posteriormente renuncio vía Fax, (1990 – 2000, fue reelecto por un periodo más 1995 al 2000), luego de haber dado un autogolpe cerrando el congreso, producto de ello Alan García fugo del país y se refugió en Francia.Continuo el Abogado Valentín Paniagua Corazao, quien a la renuncia de don Alberto Fujimori fue ungido presidente por los congresistas, (2000 a 2001) quien convocó a elecciones generales.

Ganando las elecciones el Economista Alejandro Toledo Manrique, (el cholo sagrado según su esposa la judía Elian Karp, 2001 a 2006) hoy perseguido por la justicia peruana encarcelado en los Estados Unidos y pago una grandísima suma de dólares como fianza para salir en libertad y no es extraditado al Perú para rendir cuentas a la justicia.

Posterior a ello gano las elecciones nuevamente Alan García Pérez (2006 a 2011), al término de su manado también perseguido por la justicia peruana, y para no ser encarcelado dicen que se suicidó, en el interior de su domicilio al ser allanado por un fiscal y la policía.

Continúo el Tte.Crnl.EP (R) Ollanta Humala Tasso, (2011 a 2016), quien también está siendo juzgado junto con su esposa Nadine Heredia, habiendo estado encarcelada en el Penal de mujeres aun sin haber sido condenada.

Finalmente ganó las elecciones el Economista Pedro Pablo Kuczynski Godard (2016 a 2018) y se vio obligado a renunciar por un escándalo en el congreso y lo sucedió Martin Alberto Vizcarra Cornejo, (2018 a nov.2020), siendo este vacado o destituido el 10 de Noviembre del 2020, asumiendo el cargo interinamente ese mismo día don Manuel Merino de Lama, para culminar el mandato es decir hasta el 28 de Julio del 2021.

Sin embargo, los congresistas incluido el Sr.Merino nunca se imaginaron como reaccionaria el pueblo, el mismo día 10 de noviembre de 2020, salieron a las calles a nivel nacional miles de personas, para protestar por ese hecho irregular, decían nada les costó a los congresistas esperar que Martin Vizcarra concluya su mandato y que sea la justicia quien lo juzgue.

Durante 4 días y sus noches la gente permanecieron en las calles, quienes en una marcha pacífica pretendían llegar al congreso, pero como siempre los policías le salieron al frente, y lejos de conservar el orden y proteger la integridad de las personas tal como así lo manda su ley orgánica, los atacaron con disparos de perdigones y gran cantidad de gases lacrimógenos.

Producto de ello murieron dos jóvenes, Inti Sotelo y Jack Bryan Pintado, mientras tanto ni los congresistas ni el Sr.Merino salieron a poner freno a este descomunal ataque policial. Recién al medio día del día 15 de noviembre de 2020, el Sr.Merino de Lama, abdico al cargo de presidente de la Republica y RENUNCIO.En los carteles de los manifestantes entre tantos decía "ya sacamos al payaso y ahora vamos por el circo", refiriéndose a Merino y al congreso.

Mientras tanto el pueblo continuaba en las calles haciendo sentir su descontento, ya retirada las fuerzas del orden continuaron su marcha hasta el congreso y no hubo provocación ni agresión policial, lo que demuestra que fueron los propios policías quienes provocaron esas muertes y agresión con sus detenciones a jóvenes sin que hayan cometido delito, y sin mandato judicial.

En resumidas cuentas, el cargo de presidente de Merino de Lama, duro tan solo 5 días, renunciaron más de la mitad de los ministros del gabinete Flores Araos; mientras que los congresistas se reunían de emergencia el día domingo 15 de noviembre, para elegir a su nueva junta directiva, a la renuncia de los anteriores con la finalidad de designar a otro presidente de la república.

Propusieron para la mesa directica a la congresista Rocío Silva Santisteban, entre otros, pero a la hora de votar para su elección no alcanzó el número de votos, hecho que motivo la postergación de la sesión para el día lunes 16 de noviembre 2020, para elegir a otra lista, quien salga elegido sería el o la próxima presidenta o presidente de la república.Pero lo que no se entiende es que los congresistas no quieren oír ni ver los reclamos y el clamor de la gente, cuando les dicen que ya no confían en ellos y les piden que se vayan a sus casas.

Por último, el congreso decidió el día lunes 16 de noviembre del 2020, recomponer su mesa directiva eligiendo a una nueva, presidida por el congresista Francisco Sagasti, de las filas del partido morado, y el día martes 17 en horas de la tarde juramentó como nuevo presidente interino de la Republica.En resumidas cuentas, durante el periodo presidencial 2016 – 2021, el Perú tuvo 4 presidentes, 2 de los cuales en un lapso de 07 días.

No obstante, la multitud continuaba en las calles exigiendo la renuncia de todos los congresistas, solicitando una asamblea constituyente y decían desconocer también a Francisco Sagasti, vivimos momentos de incertidumbre y zozobra, a la espera de los resultados de las marchas que continúan llegando del interior del país.

Los Licenciados de las FF.AA también hacían su convocatoria a todos sus miembros, solicitando una nueva constitución y un nuevo gobierno transitorio.

El nuevo presidente asegura que se respetará el cronograma para las próximas elecciones de abril del 2021, pero el pueblo ya no confía ni cree en los políticos y exige se deje sin efecto dicha convocatoria y a cambio se elija una asamblea constituyente.

Mientras tanto se cumplió el primer año de la pandemia y continuaban las muertes, ya no de adultos sino también de niños y jóvenes, en el mes de febrero del 2021, china descubrió la primera vacuna, luego Rusia, Estados Unidos, etc.Perú también pero por la idiosincrasia del peruano no le dio oportunidad, seguro para poder ganarse alguito por la compra de la vacuna china, que desde luego este produjo también un gran revuelo por la vacunas inoculadas de manera ilegal y clandestina, por lo que tuvieron que renunciar varios ministros, además fueron sancionados por el congreso para no poder ocupar puestos públicos, incluso Vizcarra gano las elecciones como congresista pero el congreso lo sanciono con 10 años de inhabilitación para ocupar función pública, es decir no podrá juramentar el cargo de congresista, porque dicen se había vacunado de manera clandestina aun cuando no le correspondía.

Las vacunas llegaban a cuenta gota, primero se vacunaron al personal que laboraba en el sector salud, luego militares y policías y sus familiares de estos, pregunto nuevamente porque esa ventaja con ellos y con los familiares de los médicos no, ellos también podían llevar el virus a sus casas y contagiar a sus familiares, pero para Sagasti eso no importaba, solo los familiares de los militares y policías.

En tercera etapa dispusieron la vacunación para personas mayores de 80 años, luego los de 70 y por último los de 60, comenzando por Lima, mientras tanto solo algunos gobernadores lograron llevar sus vacunas a sus regiones y por supuesto menos la región Lima.

Mientras tanto estando en el mes de abril de 2021, luego de las elecciones en primera vuelta, continuaba la pandemia y las restricciones, en el Perú se produjeron hasta mil muertes diarios, pasando a utilizar dos mascarilla o tapa bocas más un protector facial de plástico transparente.Diciembre del 2021, continúa los contagios en el mundo con otros virus mutados del covid 19, llamado DELTA, muchos países sufrieron la peor crisis no solo de salud sino económico producto de esta pandemia.

Mientras tanto continúa aun las restricciones sociales, prohibido todo tipo de reuniones incluso familiares, durante la pandemia se paralizó el mundo entero.Nuevamente en el mes de diciembre del 2021, apareció otro virus producto de las mutaciones llamado OMICRON, más contagiosos que los anteriores, no obstante y pese al llamado de las autoridades. Muchas personas en el mundo se negaban en ser inoculados o vacunados, se difundían a través de las redes sociales una serie de mitos contra la vacuna.

Una vez descubierta la primera vacuna, todos los gobernantes del mundo la adquirieron para vacunar a sus compatriotas, al inicio se les vacuno con dos dosis y luego con una tercera y hasta con una cuarta.Para poder ingresar a los establecimientos de todo tipo era obligatorio presentar su carnet de vacunación con las dosis correspondientes y el uso de alcohol.

Enero del 2022, la pandemia aún continúo, si bien en el Perú la economía está basada en una de libre mercado, como ya dije, muchas empresas se hicieron más ricos haciendo más pobres a los pobres, pero eso no obsta para que las autoridades hubieron hecho algo para frenar los abusos, por parte también de los transportistas que subieron sus precios sin control, afectando la exigua economía de los más pobres.

En el mes de Enero de 2022, se dispuso la cuarta dosis, para el personal de salud y a los mayores de 70 años y para los que adolecen de enfermedades.A finales del mes de abril, algunos países decidieron prohibir el uso de los tapa bocas o mascarilla, en lugares abiertos y cerrados, en el Perú, a partir del 01 de mayo pero solo en lugares abiertos, no obstante era opcional.Se dispuso también el reinicio de las clases de manera personal, tanto en los colegios y universidades.

Esta pandemia trajo consigo, una serie de nuevas costumbres tanto personales como institucionales, casi todos nos olvidamos del saludo con el beso en la mejilla, o el apretón de manos, algunos se saludaban chocando los codos, otros con el puño, mientras tanto se instauro el trabajo virtual, la mayoría de trabajadores con el pretexto del patagio hacían trabajo virtual desde sus domicilios, convirtiéndose en un vicio, porque algunos se dedicaba a otras actividades menos a su trabajo, pero si cobraban sus sueldos, por ejemplo, las citas en los hospitales, las atenciones médicas, etc. las audiencias en las fiscalías y poder judicial.

No hay nada que hacer, tras palos cuernos, aun no se terminaba con la pandemia del covid 19, en el mes de julio del 2022, se produce otra enfermedad llamada la viruela del mono, afectando a varios países asiáticos, EE.U. Brasil, Perú, etc.Causando la muerte de muchas personas.Finalmente con el transcurrir de los años, todo se fue normalizando, progresivamente se iban eliminado algunas restricciones, como la prohibición de reuniones, se aperturaron los restaurantes, hoteles, cines, se retiraron el uso de las mascarillas.

CAPITULO XXVII
UNA CHIQUITA

No podía terminar este libro dedicándole un pequeño espacio a los falsos periodistas y comunicadores sociales.Marvin, antes de ingresar nuevamente a laborar en el Estado, se dedicó a la defensa técnica o a la litigación, tuvo como sus clientes a varios ex funcionarios del Gobierno Regional de Lima.

Allí descubrió que, algunas personas utilizando el micrófono de una radio emisora, o el internet o a través del Facebook, para extorsionar a los funcionarios públicos haciendo publicaciones tendenciosas y sin sustento fáctico ni jurídico, pero los fiscales acogen e inician las investigaciones.Pero no los investigan a estos falsos periodistas, por el hecho de difundir noticias falsas o ciertas y luego se callan, por el sencillo hecho de que ya logaron su cometido, cobrar, para callar y dejar trabajar.O conseguir un puesto de trabajo, no solo para ellos sino también para sus familiares y otros, No obstante que, si existe delito por lo difundido, por el chantaje y callar convirtiéndose en cómplices.Y los fiscales bien gracias.

Como reza el dicho, "tanto va el cántaro al agua que termina rompiéndose", así funciona esta táctica, que si el funcionario tiene rabo de paja, termina cayendo, es decir acepta el chantaje y paga a estos falsos periodistas y piratas de las redes sociales, que viven a cuerpo de rey ganado incluso más que un alto funcionario del estado, a costa y producto del chantaje y la extorción, repito y lo fiscales que paso por que no los investigan también a ellos.

Basta que le haya pagado una vez, se fregó, porque será hasta que termine su gestión, y no solo eso, además exigen se le contrate a sus amantes o un familiar, si no accede le publican una chiquita. Si el funcionario no cae, efectúan sus acostumbradas denuncias ante la fiscalía, pregunto ¿por qué si los fiscales saben de esto, no los investigan a ellos?, insisto.

Precisamente, cuando Marvin fue designado Secretario General del Gobierno Regional, todos, pero todos le reventaban "cuetes" y decían que el Sr.Gobernador había tomado la mejor decisión de designarlo como Secretario General, entre ellos decían "Designa como Secretario General al Dr.Marvin, un excelente abogado de intachable trayectoria, etc, etc", pero al cabo de unos meses los extorsionadores iniciaron su acostumbrada táctica, publicando en las redes sociales cualidades agraviantes en su contra, otros se expresaban mal de su persona, y se preguntaba ¿qué paso?, no decían ellos mismos que era un excelente abogado y persona?.

Pero como él, no tiene cola que le pisen y tampoco pelos en la lengua, los puso en su sitio y contra uno de ellos le otorgaron garantías personales, le prohibieron acercase a el así como a no expresare mal de su persona, a través de las redes sociales, este extorsionador disque representaba a una institución denominada FREDELCO, frente de defensa y lucha contra la corrupción, que irónico cuando él era uno de ellos, pero que finalmente gracias a Dios, murió y se tranquilizó un poco la extorción. Pero aún quedan otros.

Y como este extorsionador no logró sacarle dinero y tampoco pudo acercarse al gobernador para pedir su cupo, no le quedó otra cosa que inventar cargos en su contra, haciéndole falsas denuncias. Por eso siempre dice en las audiencias ante los jueces, en el Perú el solo hecho de ser funcionario público constituye delito.

Y, esta creo es una de las razones por lo que el Estado no avanza, por el temor que tienen los funcionarios públicos de hacer alguna obra, o adquisición porque saben que de todas maneras los van a denunciar y después de hacer perder del tiempo varios años, al final la mayoría de casos son archivados.

II PARTE
POEMAS

UNA CUENTA PENDIENTE

A pesar de que te quiero tanto
A pesar de que te di mi amor
Como has podido tú, traicionar a mi pobre corazón.
No sé porque y no me importa el motivo
De esta tu cruel traición, no no creas que voy a llorar
Solo me queda una cosa que hacer

Voy a lavarme la boca con agua bendita
Para borrar aquellos besos que me dieran tus labios traicioneros
Voy a segarme los ojos con un fierro candente
Para no volver a verte, con otro pretendiente
Porque a pesar de todo tu y yo tenemos una cuenta pendiente
En el fuego ardiente de mi corazón.

Autor:
Maximo Tello

NACER

Somos seres que venimos a este mundo, quien sabe.Si porque
nuestros padres así lo quisieron
O por un simple capricho de la naturaleza
O quizás porque lo quiso dios.
Que culpa tenemos nosotros, de nacer en este mundo, lleno de
pecados, codicia y maldad.Tal vez nuestros padres desearon que
naciéramos
Para cumplir su deseo y traerles felicidad
Pero el destino muchas veces pude más que nosotros
Pues nacemos como lo quiere dios.

Autor:
Maximo Tello

PRIMAVERA

Era un lindo día, en mes de primavera
El sol que brillaba desde lo más alto
Los pajarillos cantan y vuelan alegres

Sintiendo el calor de un lindo sol
Qué lindo es la primavera, adornada de bellas flores
De lindos colores y exquisitos olores
Que lindos son los arboles con sus ramas de verdes colores

Y las mariposas adornando las flores
Mientras que nosotros nos dábamos amores en el paraíso de la
primavera.

Autor:
Máximo Tello

CANTO A LA VIDA

Le canto a la vida.Le canto al amor
Y a todas las cosas que a mi corazón le hace palpitar
Soy un muchacho, alegre y feliz
Cuando hay tristeza me pongo a reír
Cuando yo veo una chica pasar
La empiezo a molestar
Luego la invito a pasear si ella prefiere
La invito a cenar en un restaurante cercano al lugar.

Autor:
Maximo Tello

SIN UN ADIÓS

Quien sabe que será de mí, a veces quiero contarle al mundo
Lo que soy, y me responda que será de mí.Quizás pedirle a una
gitana para que me diga que será de mí,
Pero creo que ella tampoco podrá decirme la verdad.Siento ganas de gritar y de llorar.Pero al final digo, para que, y que le
importa a nadie
Que sufra o no, o que digan que estoy loco y sin razón.Si al
menos la gente comprendiera mi dolor
Pero ni aun así podría yo ser feliz.Porque ella se ha ido sin siquiera decirme adiós.

Autor:
Maximo Tello

REGRESA MUJER

Dulce amor mío, te quiero tanto
Que hasta prefiero morir por ti
Si es que yo lucho, día tras día
Es porque yo quiero vivir siempre en ti.Cariño mío, porque te fuiste
Dejando triste a mí sufrido corazón
Yo te recuerdo todas las noches
Y paso los días pensando en ti
Nuestros pequeños te necesitan
Siempre preguntan solo por ti
Yo les digo ya volverá
Oye mujer vuelve, hazlo por ello y no por mi
Si es que algún día decides volver
No quiero que dudes que también yo te esperare.

Autor:
Maximo Tello.

ELLA SE HA IDO

Me siento tan solo sufriendo tu ausencia
Viviendo la esencia de tu gran amor
Yo ahora prefiero hasta emborracharme
Cosa que nunca solía yo hacer
Es que yo quiero ahogar con esto
El gran dolor que embarga mi ser
A dios le pido que me lleve pronto
Para estar junto a ti
En cada trago veo tu rostro
Mi corazón late mucho más
Porque te fuiste dejándome triste
Y no volviste nunca jamás.

Autor:
Maximo Tello

DEBEMOS TRIUNFAR

Quiero vivir, quiero luchar
En esta vida quiero triunfar
Aunque el destino me juegue al revés
Yo estaré siempre al frente otra vez
Yo he nacido para triunfar
Y no debo nunca rendirme jamás
La vida está hecha para triunfar
Para lograrlo hay que luchar
Cuando te caigas, levántate otra vez
Y sigue de frente sin voltear
Lo que ha pasado, pasado esta
Y no hay remedio para curar.

Autor:
Maximo Tello

ESPEREMOS QUE LA LUNA SALGA

Esperemos que llegue la noche
Esperemos que se vaya el sol
Esperemos que la luna salga
Para vernos otra vez
Esperemos que la luna salga
Para entregarte mi amor
Mis caricias y besos que haga estremecer tu corazón
Esperemos que la luna salga
Y atestigüe nuestro amor
Mientras nos cobije con su manto gris
Cada noche y cada luna
Comienza un nuevo amor
Más nosotros continuamos
Y conservamos nuestro amor
Hasta nuestra luna de miel.

Autor:
Maximo Tello

PERÚ

Perú mi patria bendita
Tierra de hombres y mujeres que por verte libre
Lucharon por ti
Perú cuna de grandes valores
Que por quererte libre
Libraron batallas hasta morir
El gran Bolognesi, y Miguel Grau
Que ahora descansan en nuestro Perú
Son dignos de ejemplo para nuestra juventud
Perú, Perú grandioso que guardas celoso
Nuestra riqueza y frutos del mar
Tus tierras fértiles nos dan el sustento
Perú por ti lucharemos y no dejaremos que te humillen Perú.

Autor:
Maximo Tello

EL DIARIO DE PAPA Y MAMA

Hagamos de nuestras vidas un gran libro
De poemas de amor
Recogiendo de este mundo
Frases y oraciones que sean dignas de los dos
Para escribirlos en nuestras páginas
Con letras de amor
Y que nuestros hijos lo lean con admiración
Corrigiendo los errores que tuvimos tú y yo
Quiero que al leerlo sientan nuestro amor
Cada estrofa, cada coma, sean algo
Que les haga sentir feliz y orgullosos de ti y de mi

Autor:
Maximo Tello

A MI MADRE

Me inclino ante tu lecho de muerte
Veo mis lágrimas caer
No soporto el dolor
Que albergo en mi corazón.
Quiero gritar, me enmudece el dolor
Desde el fondo de mi corazón
Te pido perdón, repito y repito madre perdón, perdón
Doy vueltas y vuelta en ni pensamiento
 Aun no logro entender porque pero porque

Nunca pudimos comprendernos los dos.Ese es el dolor más
grande que llevo en mi corazón
Pero nunca deje de quererte y te recuerdo siempre
Madre quiero con mis lágrimas implorar tu perdón

Madre quiero con mis lágrimas regar tu jardín
Para que en ellas crezcan rosas blancas de paz y rosas rojas de
amor.
Madre madre madre te imploro perdón.

Autor:
Maximo Tello

Huacho, Octubre 2022